绩效考核
与
薪酬激励管理

李婷婷◎编著

民主与建设出版社
·北京·

© 民主与建设出版社，2023

图书在版编目（CIP）数据

绩效考核与薪酬激励管理 / 李婷婷编著 . -- 北京：民主与建设出版社，2023.6

ISBN 978-7-5139-4260-7

Ⅰ . ①绩… Ⅱ . ①李… Ⅲ . ①企业管理－工资管理 Ⅳ . ① F272.923

中国国家版本馆 CIP 数据核字（2023）第 111737 号

绩效考核与薪酬激励管理
JIXIAO KAOHE YU XINCHOU JILI GUANLI

编　　著	李婷婷
责任编辑	刘树民
封面设计	仙境设计
出版发行	民主与建设出版社有限责任公司
电　　话	（010）59417747　59419778
社　　址	北京市海淀区西三环中路 10 号望海楼 E 座 7 层
邮　　编	100142
印　　刷	三河市京兰印务有限公司
版　　次	2023 年 6 月第 1 版
印　　次	2023 年 7 月第 1 次印刷
开　　本	700 毫米 ×1000 毫米　1/16
印　　张	14
字　　数	192 千字
书　　号	ISBN 978-7-5139-4260-7
定　　价	68.00 元

注：如有印、装质量问题，请与出版社联系。

前 言

从本质上来说，企业管理其实就是人的管理，因为企业的管理活动都是围绕人来展开的，相关的制度也是围绕人的活动来设计的，所以把人力资源管理的问题处理好，其他的管理问题也就可以迎刃而解。那么，如何做好人力资源管理工作呢？最核心的一点便是做好人力资源管理顶层管理架构设计，打造一个科学合理的绩效考核与薪酬激励体系。科学合理的体系可以帮助企业吸引人才、激励人才，并推动企业战略目标的实现，其重要性不言而喻。

以绩效考核为例，它是指企业采用科学的考核方式，对员工的工作任务完成情况、员工的工作职责履行情况和员工的发展情况进行评定，并且将评定结果告知员工的过程。绩效考核能够反映员工的工作状态，了解一个员工能做什么、适合做什么，能够做到什么程度，以及有怎样的发展潜力。绩效考核脱离了单纯依靠主观印象来判定员工价值的模式，能够客观地反映员工的能力和价值。比如，许多公司喜欢招聘高学历人才，或者喜欢从国外吸收人才，以为这样的员工一定具备强大的能力，能为公司的发展提供很大的帮助，但实际上，他们的实际贡献有可能还比不上一个普通的员工。

薪酬管理和激励则侧重于对员工实际做出的贡献和呈现出来的价值给予回应。企业会依据员工的工作表现、工作能力、工作状态给予相应的物质和非物质奖励，从而激发员工产生更大的工作热情，推动他们主动为企业战略目标和年度发展目标而努力。没有合理的薪酬和激励措施，员工的努力无法得到有效的保证，员工的付出无法获得相应的回报，那么整个企业的运作就会产生问题。从这方面来说，薪酬与激励是最终决定员工是否愿意为企业奋斗，是否愿意提高个人价值输出的关键因素。

　　作为企业人事管理的重要内容，作为企业管理强有力的手段，绩效考核与薪酬激励在整个管理体系中发挥着重要的作用。但是，构建一个合理高效的绩效考核与薪酬激励体系非常困难。这是因为绩效考核、薪酬管理、员工激励是人力资源管理中最复杂、最困难的模块，这三个模块包含的内容很多，往往涉及企业各个部门、各个岗位以及运营工作的各个环节，很容易使工作陷入错综复杂的关系当中。

　　不仅如此，绩效考核、薪酬管理和激励关乎员工的切身利益，这就会涉及利益分配和平衡的问题。不同的人会有不同的利益诉求，不同的人会有不同的抉择，企业需要从大局出发，兼顾全局，平衡好内部的关系，一旦处理不当，就可能导致整个管理体系面临崩塌的风险。比如，很多公司常常会在改革时遭遇各种阻力，甚至因为这些阻力而走上衰落的道路。这些阻力从何而来？内部利益分配出现问题！当人们意识到内部的利益分配机制会影响自己的切身利益时，人们就会想办法对其进行破坏。由此可见，构建一个科学合理的绩效考核与薪酬激励体系有多么重要。

　　很多企业家都不明白绩效考核与薪酬激励究竟是什么，也没有打造出完整的企业管理体系，企业管理仍旧停留在粗放简单的层面上，习惯按照"我觉得你能做什么"的思维去工作，或者只是象征性地制定了一些简单的考核制度和薪酬激励制度。如果企业没有一套完整的管理体系，员工的能力和价值便无法顺利得到施展，企业的发展就可能陷入困境。

　　本书立足于企业面临的现实问题，将用人问题与薪资分配问题结合起来讨论，引导企业构建合理的用人制度与资金分配制度。本书对绩效考核与薪酬激励进行了详细讲解，从内容、结构、形式、流程、方法等多个维度进行分析，深化人们对绩效考核与薪酬激励的理解。比如在第三章，就重点讲述了构建合理绩效考核体系的要点，文中并没有单独强调如何落实绩效考核制度，而是将其纳入整个绩效管理的流程中来分析，从流程设计、准备工作（明确考核周期、考核内容、考核指标)、目标分解、考核结果评估、考核结果应用等多个环节进行描述，加深了人们对绩效考核的认知。第四章重点讲解了常见的几种绩效考核方法，企业完全可以按照自己的实际情况，选择合适的方法展开考核行动。

许多企业可能会狭隘地认为薪酬激励就是设计工资制度，也就是简单地规定员工应该拿多少工资，管理者应该拿多少工资。其实，薪酬激励是一个泛化的概念，它包括物质上的奖励和非物质的奖励。薪酬激励并不是简单的资金分配，有着成熟管理体系的企业需要构建薪酬激励体系，而不是简单地设计几条制度。比如，薪酬激励体系应该包括对企业薪酬管理目标进行分析，做好岗位分析与薪酬调研工作，制定合理的薪酬策略、做好岗位体系设计工作，构建丰富的薪酬结构与激励手段等。在构建薪酬激励体系时，往往需要按照科学的流程进行规划和设计，确保薪酬激励制度的合理性与科学性。

需要注意的是，绩效考核与薪酬激励从来都不是独立的体系，两者需要紧密结合起来。企业员工所获得的薪资和奖励需要建立在绩效考核成绩的基础上，绩效考核结果在某种程度上决定了薪酬激励的方式和水平，而薪酬又会激励被考核者在绩效考核中做出更好的业绩。这种相互促进的关系使得企业在打造绩效考核与薪酬激励体系时，需要强化两者之间的联系，将考核与激励捆绑在一起。为了推动两个体系的融合，文中主张构建可量化的绩效考核指标，可量化的薪酬职级表，可量化的薪酬激励体系。尽管定性分析不可避免，但是为了确保人力资源绩效考核与薪酬激励管理具备可操作性，还是应该坚持打造一个可量化的体系。

为了确保绩效考核与薪酬激励体系能够发挥应有的作用，企业还需要明确相关体系的设计和落实原则。而为了帮助企业构建最适合自己的体系，本书对不同类型的企业进行了分析，提供了更为合理的建议和意见。在本书的最后一章，更是立足现实，分析了那些大企业的绩效考核与薪酬激励模式，让读者可以更加直观地了解绩效考核与薪酬激励体系。

总之，本书全方位地介绍了绩效考核与薪酬激励的相关内容，在形式、内容、结构、流程、方法的设计上提供了很多切实可行的建议。读者可以按照书中的相关知识采取行动，打造更加合理的绩效考核与薪酬激励体系。

目 录
Contents

第一章 绩效考核与薪酬激励管理的意义 / 001

打造优秀团队的基本法则……………………………………………… 002

分配机制决定企业的管理水平…………………………………………… 005

以绩效为前提，以考核为手段，以激励为导向………………………… 008

打造更加完美的管理组织………………………………………………… 012

明确绩效考核与薪酬激励管理解决方案的实施流程…………………… 015

第二章 做好准备工作，为绩效和薪酬激励管理打好基础 / 019

打造良好的企业文化……………………………………………………… 020

依据公司的战略导向来设计系统………………………………………… 023

积极组建考评小组………………………………………………………… 026

主动推进组织结构的变革和优化………………………………………… 031

明确绩效考核与薪酬激励管理制度的基本原则………………………… 035

第三章 实施绩效管理，设定合理的框架 / 039

梳理绩效管理流程，让员工知道应该做什么…………………………… 040

针对不同职位，设定不同的考核周期…………………………………… 044

明确个人与部门的考核指标…………………………………………047

设定企业的考核目标，并做好目标的分解………………………051

绩效考核结果评估、应用和完善…………………………………054

对部门团队及负责人的考核………………………………………058

对普通员工的考核…………………………………………………062

第四章 选择最适合的考核方法 / 065

KPI考核法……………………………………………………………066

360度考核法…………………………………………………………073

平衡计分卡考核………………………………………………………077

等级评定法……………………………………………………………081

其他考核方式…………………………………………………………084

第五章 设计合理的薪酬激励体系 / 089

做好薪酬管理工作……………………………………………………090

明确薪酬体系设计的流程……………………………………………094

构建更加高效合理的薪酬体系………………………………………098

设计更加完善的《薪酬职级表》……………………………………101

非物质激励必不可少…………………………………………………107

正向激励与负向激励的有机结合……………………………………110

确保薪酬激励对员工具有强大的吸引力……………………………113

第六章 加强考核结果应用与薪酬的关联性 / 117

按照考核评分高低制定绩效工资……………………… 118

将绩效考核与薪酬职级结合起来……………………… 121

人员与岗位的合理调整………………………………… 124

强化内部员工培训，提升员工的执行力……………… 128

做好考核的定性分析与定量分析……………………… 131

第七章 推进绩效考核与薪酬管理系统的诊断和改善工作 / 135

绩效考核与薪酬激励体系的不足……………………… 136

构建卓有成效的反馈机制……………………………… 139

及时与员工进行深入沟通……………………………… 143

优化绩效考核与薪酬激励管理系统…………………… 147

特殊人才可以采用特殊的管理方法…………………… 150

第八章 坚守绩效考核与薪酬激励解决方案的基本原则 / 153

严格按照公平公开的核心原则办事…………………… 154

逐级考核、综合考核、全面考核……………………… 157

个人与部门考核的有机结合…………………………… 160

坚持以人为本，提高员工的积极性…………………… 163

不要忽略体系建设的经济性原则……………………… 167

绩效考核与薪酬激励体系的差异化原则……………… 170

严格落实绩效考核与薪酬激励的相关制度…………… 173

第九章 不同类型企业的绩效考核与薪酬激励管理 / 177

高科技企业的绩效考核与薪酬激励 …………………………………… 178

生产型企业的绩效考核与薪酬激励 …………………………………… 181

贸易型企业的绩效考核与薪酬激励 …………………………………… 184

项目型企业的绩效考核与薪酬激励 …………………………………… 187

服务型企业的绩效考核与薪酬激励 …………………………………… 190

第十章 绩效考核与薪酬激励经典案例解析 / 193

字节跳动的OKR＋360度模式 ………………………………………… 194

华为公司的全员持股制度 ………………………………………………… 199

腾讯公司的薪酬激励模式 ………………………………………………… 203

海尔集团的"三工并存，动态转换" …………………………………… 207

贝尔阿尔卡特公司：激励从不满意开始 ……………………………… 210

第一章

绩效考核与薪酬激励管理的意义

打造优秀团队的基本法则

打造一个优秀团队，需要从哪些方面入手呢？有的人认为优秀团队必须拥有最优秀的人才，毕竟人才是构建团队竞争力的关键要素。不过，仅仅拥有优秀的人才是不够的，还要让优秀人才充分发挥其价值。团队管理者和经营者要激发优秀人才的工作积极性，为优秀人才提供更好的工作环境，做好优秀人才的管理工作。

人才管理的核心有两点：第一点是对人才的管控、监督和引导，让他们按照正确的方式做正确的事；第二点是人才的激励，充分激发人才的积极性和潜能，确保人才价值最大化和团队效益最大化。总之，打造优秀团队的关键就是做好人才的管控、监督和激励工作。

过去许多人对人才管理存在误解，认为人才管理就是将有能力的人聚集在一起工作，创办企业就是将更多的人安排在岗位上创造价值。但是，人多并不意味着产出就大，也并不意味着企业竞争力就大。很多时候，人才的单一组合与叠加可能会产生"事倍功半"的效果。

比如，某企业招聘了五名员工，一人是哥伦比亚大学经济系毕业的高才生，堪称财务方面的专家；一人是某电子科技大学的优秀毕业生，在人工智能方面能力突出；一人是销售方面的精英，拥有十几年的销售工作经验，还曾是某跨国公司的首席销售员；一人从事人力资源配置的工作，很多大公司都曾向他咨询管理问题；一人是质量管理方面的专业人员，曾经在谷歌公司和苹果公司负责产品质量管理工作。

企业在录用这五人之后，是否就意味着可以实现强强联合，创造更大的价值呢？答案是"未必"，因为这五人在一起工作可能会产生一些矛盾。

第一种情况：五个人各有特长，但是如果每个人都被安排在不适合自己（专业不对口）的岗位上，就无法发挥他们各自原有的能力优势，导致团队的合作价值很低。

第二种情况：五个人都认为自己的能力很强，谁也不服谁，因此拒绝与他人配合，有时候还要求他人要迎合自己的需求，从而导致内耗非常严重，致使各自的价值无法得到充分发挥。

第三种情况：五个人自认为大材小用，个人的发展诉求也无法得到满足，于是在工作中不愿意拼尽全力，做事情常常有所保留，以至于工作业绩并不突出。

第四种情况：五个人认为自己应该享有特权，不愿意受到企业的约束和管控，因此常常我行我素，做一些违反规定的事情。他们的工作态度不佳，甚至将自己游离于整个团队协作体系之外，导致内部工作相互脱节，在工作中无法创造价值。

以上四种情况，都是企业管理中比较常见的问题，这些问题都会导致五个人的价值无法得到充分发挥，从而影响团队的工作效率和效能。这里的态度问题、团队协作问题、资源配置问题、职务安排问题，归根结底还是内部管理出现了问题，企业没有将人员配置工作做好，没有在工作中提供更多的卓有成效的激励，导致员工的工作积极性不高。与此同时，由于管理不到位，导致员工的归属感、责任感、团队意识薄弱，最终影响了团队的竞争力和创造力。

一般来说，一个合格的团队需要明确两种工作模式——"公司要求员工做的事"以及"员工认为自己应该做的事"。前者是执行指令式的工作模式，后者则是强调在被动执行指令的同时，充分发挥个人主观能动性。执行指令看重的是制度的约束性与员工的执行意识，它需要依赖强有力的管理来掌控、引导、监督员工去做事，员工不仅要去做事，还要为自己做事的态度和做事的效果负责，公司应当针对具体的绩效进行考核，这就构建了绩效考核这样的管理环节。发挥主观能动性则侧重于利用制度来激励员工，提升他们的主观执行意识和创造意识，它通常依赖有效的激励手段来激发员工的积极性，员工不仅仅会完成任务，还会在激励措施的刺激下实现工作目标甚至超额完成任务，为企业发展做出更大的贡献。

> 公司要求员工做的事
> 员工认为自己应该做的事

将两者结合起来分析，那么一个团队想要变得更加优秀，就需要在制度上做出调整和完善，需要制定更为合理的绩效考核制度与薪酬激励管理制度，这也是打造一支优秀团队的重要基础。如果对世界上那些成功企业进行分析，就会发现它们都拥有完善的绩效考核与薪酬激励管理制度，并且找到了引导员工充分发挥自身价值的方法。苹果、谷歌、亚马逊、微软、阿里巴巴、腾讯，这些公司在人才管理方面非常突出，能够通过有效的绩效考核制度与薪酬激励管理措施吸引大量的人才。

那些经营管理不善的企业，或多或少都会在绩效考核与薪酬激励管理方面存在各种问题。有的团队没有明确的、合理的考核机制，使得内部的工作经常变得无序，而缺乏考核又导致内部的薪酬制度面临不公的质疑。相关的制度在制定后根本没有办法起到什么作用，这就导致员工的工作效率不断降低，内部的工作流程遭到严重破坏。

从企业发展的角度来看，管理是确保企业走向正轨，同时不断发展壮大的重要原因，而只有将人管理好，企业的发展才会更好。在针对人的管理当中，最核心的问题就是绩效和薪酬，只有确保内部的绩效达标，确保员工可以在薪酬奖励中得到激励，才能提升团队的竞争力和创造力。

分配机制决定企业的管理水平

经常会有一些公司主管抱怨,员工的工作积极性不高,做事拖拖拉拉,工作效率低下,缺乏执行力。然而,更换员工之后,新员工的好状态也只能持续一段时间,很快便会陷入工作不认真、做事不积极的状态中。

为什么员工换了一批又一批,依然不能改变这种情况呢?问题可能不是出在员工身上,而是出在企业身上。很多企业的分配机制和薪酬制度存在较大的漏洞,比如企业给予员工固定工资,无论员工做得好还是做得不好,做得多还是做得少,都会给予员工固定的工资。这样的薪酬制度会让员工认为,自己这个月少做一点工作也没事,只要每天按时上下班便可以拿到工资;而且,即便自己做了很多工作,企业也不会给自己多加钱,与其浪费时间和精力创造价值,还不如直接选择"躺平"。

这是典型的活力衰减症状。活力衰减是很多企业都会面临的困境,也是每一家企业都会经历的阶段,它会导致企业的工作效率大幅度下滑,竞争力快速衰退。

那么,企业应该如何解决这些问题,避免陷入衰退的不利境地呢?其实,管理制度不合理便会导致工作效率低下,因此解决问题的方案就藏在制度改革之中。

18世纪末期,英国政府发现日益增加的犯罪者成了一个令人头疼的社会问题。国家不可能将所有犯罪者都关进监狱，因为那样的话所有的监狱会住满人；但是如果不将犯罪者关起来，社会治安只会越来越糟。面对这样两难的问题，有人提出了解决方案，那就是将那些犯了重罪的人发配到尚未开发的澳大利亚，让他们去那里开荒。

为了扩大犯人的运输量，英国政府将运送犯人的业务承包给了一些私人船主。在犯人上船之前，政府专员会先清点船上的犯人，按照具体的人数支付费用。为了尽可能减少运输途中的开支，这些黑心的私人船主会将破旧的货船改造成载客的船只。这些船非常简陋，医疗药品也短缺，而且船主还千方百计增加运送人数，并刻意减少犯人的水和粮食，导致船上的生存环境非常恶劣。经过3年的运营，英国政府发现运输船队的犯人死亡率高达12%，一些船只的犯人死亡率甚至高达37%。

政府支付了一大笔钱，却没有达到劳动力移民的目的，自然非常不满，于是安排政府官员和医生上船进行监督和诊治，还对犯人日常饮食标准做了硬性规定。但是即便如此，犯人的死亡率仍旧居高不下。因为在暴利的驱使下，随行官员被船主花重金贿赂，那些不愿意同流合污的官员也被灭口。

面对这样复杂的现实，政府只好想其他办法。政府派人将船主全部集中起来进行培训，向他们灌输生命重于金钱的价值观，让他们了解英国政府开发澳大利亚的战略计划。可是即便这样，情况也没有得到改观，仍旧有大量的犯人在运输途中死掉。无计可施的英国政府几乎崩溃了！就在这个时候，一个聪明的议员找到了问题的症结。他认为私人船主之所以罔顾政府的指令和战略规划，就是因为钻了制度的空子，所以解决问题的方法很简单，只要改变原有的制度，将原先按照上船人数支付运费的方式，改为按照实际到达澳大利亚的人数支付报酬，就可以解决问题。

果然，当政府颁布新的运输制度之后，船主的态度来了180度的大转变。政府不再需要安排监督官员和医生一同前往，船主自己会掏钱雇用医疗团队随行，一路上对犯人的态度也好了很多。这是因为船上每死掉一个人，船主就会少挣一大笔运费,而这是他们不愿意见到的。

由此可见,决定犯人死亡率高低的并不是黑心的私人船主,而是运输费用结算制度。将上船人数改换成实际到岸人数,就完美解决了死亡率居高不下的问题,这也恰恰证明了构建合理的分配制度和薪酬体系的重要性。如果对这个问题进行深入分析,可以发现很多时候所谓的管理水平低下,所谓的管理不到位,所谓的管理失控,很大的原因是没有找到真正可以约束、引导和激励员工行为的合理方案,而这个方案是建立在更加成熟、更加高效的分配机制的基础之上。从某种意义上来说,分配机制决定了一家公司或一个团队的管理水平。

其实,分配机制并不是单纯地制定薪酬模式,而是要在制定薪酬模式的基础上做到合理考核,绩效考核是薪酬激励管理的前提,两者相互联系、缺一不可。比如,事例中的私人船主的薪酬,以上船人数为标准进行支付,犯人的死亡率居高不下;改为以实际到达人数为标准进行支付,犯人的死亡率显著下降。因此,按照合理的绩效考核模式来支付薪资,薪酬激励管理制度就会变得更加合理,团队在管理相关人员和相关事件时的效率会更高。

所以,一个优秀的团队,一家优秀的企业,往往在利益分配方面拥有成熟的模式,拥有完善的管理方法和高效的管理体系,在管理方面能够取得更加显著的成果,往往也拥有更大的发展空间。

以绩效为前提，以考核为手段，以激励为导向

绩效考核与薪酬激励管理是管理体系中非常重要的组成部分，想要构建完善的绩效考核与薪酬激励管理解决方案，就要将绩效、考核、激励三个基本要素独立出来进行分析，然后找到三者之间的关系。

绩效是指组织、团队或个人，在一定的资源和环境下完成任务的程度，是对目标实现程度及达成效率的衡量与反馈。比如，一个月完成了300件产品的加工，一年为企业创造了500万元的效益，一年的销售额达到了1000万元，一年实现了开两家分店的目标，这些都属于绩效。从字面意思分析，绩效是绩与效的组合。绩就是业绩，体现企业的利润目标；效就是效率、效果等，效是一种行为，体现的是企业的管理成熟度。业绩是一个员工得以生存和发展的前提，只有做出业绩，该员工才有机会和资格继续留在岗位上。在绩效考核与薪酬激励管理解决方案中，绩效同样是前提，没有这个前提解决方案就无从成立，考核便没法进行，激励更是无从谈起。

考核是对人员完成任务情况的跟踪、记录和考评，它根据每个岗位的具体要求、工作内容、工作职责，对相关从业人员的工作完成情况进行合理评估。考核是为了改善员工工作业绩、提升员工工作能力，从而达成公司的生产经营目标。考核是非常重要的管理手段，它可以令管理人员很清晰地了解员工的工作情况。如果没有考核、检查和监督，管理也就不存在了，公司会形成"做好做坏一个样，做和不做一个样"的不良风气。

激励是一种导向行为，经过绩效考核之后，那些完成考核指标的员工将会受到各种奖励，包括工资、奖金、福利、职位晋升，而那些没有完成绩效考核或者考核不达标的员工，则会受到相应的处罚。激励的目的是激发员工工作的积极性，开发他们的潜力，引导他们按照正确的方式去做事。

在三者的关系中，绩效是前提，没有绩效，整个管理流程也就失效了，考核与激励都会失去意义。考核是一种手段，是确保业绩可以得到保障的工具，也是推动激励措施得以落实的重要参考。没有考核，业绩无法得到证明和提升，激励也无从谈起。三者之间紧密联系，任何一个环节出现问题，都会影响其他环节的顺利推进。

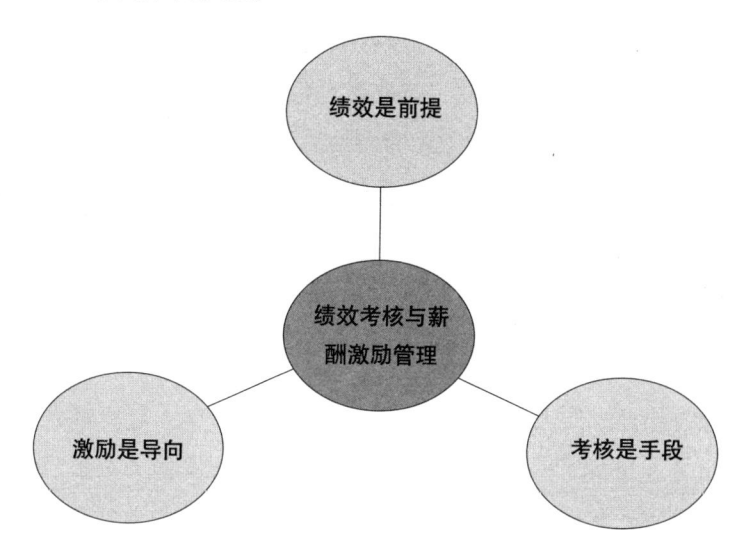

比如，美国马里兰大学的心理学兼管理学教授洛克经过多年研究，发现诸如奖励、工作反馈、监督压力等外来的刺激，都是通过目标来影响动机的。他认为目标能够影响人的行为，并具有激励作用，当人们设定某个目标之后，就会朝着这个目标方向奋斗。具体来说，目标可以把人的现实需求转变为做事的动机，推动人们朝着一定的方向努力，之后将自己的行为结果与既定的目标进行对照，及时进行调整和修正并最终实现目标。

哈佛大学心理学博士斯金纳研究发现，人或动物为了达到某种目的，通常会采取一定的行为作用于环境。当此类行为产生的后果对自己有利时，这种行为就会在以后的工作和生活中重复出现；当此类行为产生的后果对自己不利时，这种行为就会不断减弱或消失。也就是说，人们会使用这种正强化或负强化的办法来影响行为的后果，从而有效修正个人的行为。这就是著名的强化理论。

无论是洛克强调的目标设定理论，还是斯金纳的强化理论，都指出了一个正常的现象：人们总是期望在达到预期的目标后，自己能够得到适当的奖励，如奖金、晋升、提级、表扬等。反之，人们实现预期的目标后，没有获得相应的物质奖励和精神奖励，人们的积极性很可能会受到严重损害。

这便反映了绩效与奖励的关系：没有奖励的绩效，最终会产生负面影响，导致之后的绩效越来越差。因此，管理者需要发挥激励的导向作用，想办法通过激励措施来引导人们积极工作，追求更高的目标，不断进步和自我完善。激励措施合理、完善的团队，往往能够更有效地激发员工的主观能动性，引导他们发挥更大的价值。反之，如果团队缺乏激励机制，管理者对员工的工作业绩视而不见，那么员工就不会对目标产生太大的兴趣，甚至可能出现消极怠工的情绪。

考核也是如此。作为一种管理手段，一旦缺乏考核，绩效就难以进行界定，激励也无法可依。比如，某公司的一名员工的工作能力突出，做出了很大的成绩，可是在考核的时候，他的业绩却被划分到部门主管名下，功劳也被领导侵占。这个时候，该员工的合法权益遭到了侵害，工作积极性就会消失，整个团队的凝聚力也会快速消失。优秀的团队必定会建立合理的绩效考核机制，明确各自的责任、能力和业绩，确保每名员工的工作成绩与价值得到尊重。

马斯克作为特斯拉首席执行官，其薪酬曾采用了以结果为导向的高弹性激励机制。2018年，特斯拉公司与马斯克达成了一份薪酬计划，只有在达到一系列目标后，马斯克才能获得报酬，否则他的收入为零。

这份计划中，特斯拉设定了10年里的12级市值目标，每个目标比前一个多500亿美元，起步为1000亿美元。如果马斯克想要获得全部的奖金，那么特斯拉市值必须达到或者突破6500亿美元。运营目标也是如此，马斯克要实现公司设定的运营目标，那么相关的营收和利润必须达标。

马斯克每实现一个目标，就可以获得特斯拉现有总流通股本1%的股票作为奖励，一旦目标没能实现，马斯克将得不到任何薪酬。马斯克在管理下属员工时，也消除了固定工资模式，采用了底薪和低薪原则，通过设置目标的考核方式和股权激励的模式来激励员工发挥出更大的能动性。

事实证明，这种绩效考核与薪酬激励管理模式具有一定的合理性。通过打破固定薪酬的模式，特斯拉将业绩、考核、激励有机融合在一起，推动特斯拉成为世界上市值最高的汽车公司。

想要确保企业更有活力，想要确保员工做事的积极性更高，就一定要弄清楚业绩、考核与激励之间的关系，打造一个更加合理的绩效考核与薪酬激励管理模式。

打造更加完美的管理组织

为了打造一个合理的绩效考核与薪酬激励管理体系,企业必须想办法构建一个更加完善且高效的管理组织。很多时候,人们会认为人力资源部主要负责绩效考核工作与薪酬激励管理工作,认为人力资源部会一手策划和落实相关的制度或者解决方案。其实,绩效考核与薪酬激励管理制度或解决方案的落实离不开管理层的支持,因为这是决定公司未来发展模式的顶层设计,这些制度或解决方案只有得到管理层的支持才能顺利执行。因此,有关绩效考核与薪酬激励管理体系的构建,不仅仅是人力资源部的事情,还需要企业其他部门的支持和配合。

比如管理层,主要负责为相关的制度提供政策支持,尤其是在一些激励和奖励政策的审批上具有重大决策权。公司内部任何一条重要规定,如果没有管理层的支持,将很难得到落实。就拿最常见的薪酬制度改革来说,这种制度改革可能会损害既得利益者,如果没有管理层的干预和支持,这些制度和规定将很难得到全面的落实,甚至可能引发内部的混乱。

此外,公司内部制定的主要制度都要经过管理层审批才能落实。如果管理层对制度设计不满意,或者认为制度设计存在缺陷,就会要求相关部门及时改进。

人力资源部是公司顶层设计中不可或缺的机构,也是构建绩效考核与薪酬激励管理体系的关键部门,主要负责组织和设计相关的制度或解决方案;负责对制度实施进行卓有成效的调研，为制度的有效实施提供更多的支持。制度实施之前，可能很多人对制度并不了解，甚至产生抵触和排斥心理，人力资源部要做好宣传工作，确保更多的人接受这些制度或解决方案，同时做好员工培训工作，让更多人能够跟上公司的发展脚步并拥护公司制定的相关制度；在制度实施之后，一些部门和员工可能会对具体的实施情况和管理方法感到不满，或者存在一些疑惑，人力资源部就需要总结问题、及时反馈和沟通，确保相关的问题可以得到解决。总之，人力资源部需要帮助员工更好地适应绩效考核与薪酬激励管理的制度，并帮助他们改正考核中存在的问题，提升员工的绩效。

人力资源部要参与制度起草和设计、制度的评审、制度实施宣传和培训，还要做好制度实施过程中问题的总结和反馈等工作，是绩效考核与薪酬激励管理体系构建中的主要参与者和主要推动者。

任何一种制度的设计和落实都需要资金的支持，想要绩效考核与薪酬激励管理体系真正发挥作用，就离不开财务部门的参与和支持。在设计这一套体系以及相关的解决方案时，管理层和人力资源部通常都会想办法弄清楚实施的成本，这就需要财务部及时参与进来，按照科学的方法，对制度实施做出精确的预算，并且为管理层提供最基本的财务支持。公司的人力资源部设计了一套非常好的绩效考核与薪酬激励制度，在制度落实之前就需要让财务部参与预测，看看落实这套制度需要哪些开支，这些开支是否超出了公司预算，是否会给公司带来沉重的财务负担。财务部会认真分析和预测，精确计算每一笔预算，然后按照公司的具体情况进行资金的分配。一旦预算太大，财务部会将情况反馈给管理层，希望对绩效考核与薪酬激励管理制度做出相应的调整，或者在公司其他方面的支出做出调整，确保整个公司的财务不会出现问题。

除了管理层、人力资源部以及财务部之外，其他相关部门也需要参与到绩效考核与薪酬激励管理体系的构建工作当中。无论是制度的起草工作、制度的评审工作，还是实施过程中相关问题的总结和反馈，这些部门都需要积极参与。可以说，企业相关部门往往也是制度实施的决策者。比如，很多部门本身就需要落实好绩效考核与薪酬激励管理制度或相关的解决方案，无论是对战略目标的分解，还是对部门级目标进行分解，都需要这些部门按照自身的具体情况提供各种支持，确保制度或解决方案落到实处。而且，针对员工的绩效考核与薪酬激励管理，也需要将相关的数据积极反馈给人力资源部。如果没有这些部门的参与，那么绩效考核与薪酬激励管理制度或解决方案将会成为空中楼阁，很难落到实处。

总之，绩效考核与薪酬激励管理体系的构建是一项大工程，往往涉及企业的方方面面，也离不开各个阶层的支持和管理。如果没有人力资源部的全程参与，绩效考核与薪酬激励管理体系的构建工作将无从谈起；如果没有管理层的政策支持，绩效考核与薪酬激励管理体系将很难落实下去；如果没有财务部的参与，那么绩效考核与薪酬激励管理体系的实施可能会面临资金缺口和危机；如果没有其他部门的参与和支持，绩效考核与薪酬激励管理体系可能无法产生预期的效果。

需要注意的是，在具体落实绩效考核与薪酬激励管理制度的过程中，尤其是加强薪酬激励管理时，往往离不开绩效薪酬领导小组的参与。绩效薪酬领导小组也叫绩效薪酬激励管理委员会，公司会提前成立绩效薪酬领导小组，小组成员一般由企业总经理、副总经理、人力资源部负责人以及业务部门的经理组成。

作为员工薪酬激励管理的最高决策机构，绩效薪酬领导小组在整个体系中发挥着重要的作用。企业绩效考核管理制度如果没有经过小组的专门负责审议和确定，将无法落到实处，企业薪酬战略与薪酬激励管理方针的落实也会遭遇重重阻碍。此外，像薪酬总量管理方案以及年度绩效工资激励方案、企业战略决策层人员薪酬标准和发放形式，也需要经过小组的审核才能确定并实施。一些企业可能存在一些特殊或者重大薪酬事项，它们往往在企业薪酬政策和管理制度规定之外，如果没有小组参与审批，也将无法得到落实。

明确绩效考核与薪酬激励管理解决方案的实施流程

绩效考核与薪酬激励管理解决方案对于企业的发展至关重要,优质的方案往往可以有效推动企业目标的实现。不过,一套有效的绩效考核与薪酬激励管理解决方案,并不是一下子就设计出来的,它往往要经过一套具体的实施流程。管理者需要按照流程去实施自己的考核与激励计划,确保相关的制度可以落到实处,确保相关的问题可以得到及时的修正和解决,也确保解决方案可以产生预期的效果。

从这一点来说,打造一个合理的流程是管理工作的重心。那么,怎样的流程才算是合理且高效的呢?

首先,一定要明确企业的核心管理思想。简单来说,就是弄清楚企业开展绩效考核与薪酬激励管理的基本思路。这种管理思路往往需要放在中长期发展的战略高度上来讨论,这样才能给企业管理注入灵魂。企业绩效考核与薪酬激励管理的核心管理思想一般需要高层组织各级经理进行探讨,在借鉴竞争对手管理思想的基础上综合自身的实际情况,提炼出符合自身战略需求和利益诉求的管理思想。比如,很多企业的核心管理思想就是通过绩效考核与薪酬激励管理的方式,打造一支层次分明的队伍。通过绩效来划分层次等级制造竞争氛围,并进行分级管理,最终促进员工与企业的共同进步。这样的理念不仅符合企业的战略需求,而且对未来长远的发展具有很好的促进作用。

当核心管理思想得到确定之后，就需要了解管理的总体架构。这个架构基本上是由绩效考核、薪酬与激励组成的。如果没有考核制度，或者说薪酬和激励制度不完善，那么就会面临失衡的问题，整个架构也就失去了基本的功能，企业管理也就会失效。

除此之外，架构中的考核、薪酬、激励各自拥有不同的模块，比如绩效考核包含了多种多样的考核模式，薪酬体系中也一样包含了各种管理模式和方法。不同的模块并不是彼此独立的，它们相互作用，相互联系，相互补充，只有整合一个更完美的架构，才能有效推动企业的管理变革。单一的模块或者彼此完全独立的模块，会让企业的管理体系变得薄弱和低效。

弄清楚管理架构和管理模式之后，就需要思考绩效考核与薪酬激励管理相关制度的设计，毕竟管理架构和管理模式都需要具体的制度来支撑，具体的责任分配和落实也需要依赖制度的指示。不同的企业，不同的部门，往往需要建立不同的制度，各项制度应该按照企业以及各部门具体的情况来设计。不仅如此，参与起草制度实施计划的个人和部门，本身也需要纳入制度实施计划当中。

绩效考核与薪酬激励管理制度起草之后并不能直接使用，这是因为制度设计和相关的分析很多时候具有一定的主观性和局限性。比如，高层在看待绩效考核与薪酬激励管理时，看法与中层干部、基层员工的观点存在一些差异，一些制度的设计者和制定者本身也可能会存在一些考虑不足之处。为了确保制度的实用性与有效性，企业需要组织专业人员进行评审。对于那些关乎员工切身利益的制度，一定要组织工会或者邀请员工代表参与评审，从而确保制度是为企业发展服务的，也是为保障员工合法权益而服务的。

设计绩效考核与薪酬激励管理制度之后，并不意味着就可以立马将其进行落实，因为设计得再好、再完善的制度也可能在具体的落实中面临"水土不服"的问题。为了弄清楚设计出来的制度是否适用，是否可以发挥出应有的管理作用，最好的办法就是在实践中进行考核与证明。而最合适的实践方式就是试点，管理者可以选择一些部门作为制度实践的试点，观察试点的实践效果，看制度是否合理，是否存在一些欠缺。通过小范围的实践，管理者就可以及时找出制度设计中的缺陷，然后加以修正和完善，避免不合理的制度给企业带来巨大的损失，或者损害员工的合法权益。

在选择试点部门的时候，需要公司的管理层进行认真的研讨，比如弄清楚哪些部门最具代表性，适合作为试点；看看哪些部门对制度实施比较反感，处处施加压力和阻力，而哪些部门对制度实施比较欢迎，能够提供各种方便。此外，管理层需要弄清楚相关制度试点的周期有多长，需要具体的参与者有哪些，确保试点的制度实施能够得到全方位的保障。

试点取得预期效果后，就可以将绩效考核与薪酬激励管理的相关制度进行大范围推广。当然，将相关制度推广使用并不意味着完全照搬试点的模式，应该结合不同部门之间的情况在具体落实的时候做出适当调整，从而避免完全复制。在相关制度推广的过程中，管理层需要明确制定相应的总结和反馈机制，将实施过程中出现的问题及时收集、总结、归类，然后在此基础上进行进一步的制度优化。构建反馈机制是一个非常重要的环节，它是推动制度落实到各处，并产生积极效果的关键，如果没有相应的总结和反馈程序，那么制度的优化和完善就无法得到落实，企业管理很有可能会因为一些滞后的、有缺陷的制度而陷入挣扎，甚至出现混乱无序的糟糕情况。此外，这个优化的过程可以反复进行，确保内部的绩效考核与薪酬激励管理越来越完善，越来越符合公司的战略规划，并产生更加积极的影响。

以上几个步骤就是绩效考核与薪酬激励管理解决方案实施的基本流程，虽然很多企业在实施的过程中会加入其他的步骤，还会做出其他方面的调整，但基本上都会按照类似的流程去完善和落实相关的制度。管理者要保证整个流程的设计都必须迎合客观事实，必须尊重企业发展的规律，避免自作主张。

第二章

做好准备工作,为绩效和薪酬激励管理打好基础

打造良好的企业文化

绩效考核与薪酬激励管理是企业管理中心非常重要的环节，大部分企业都有自己的考核制度和薪酬体系，但并非所有的制度都能够产生良好效果。很多企业内部的绩效考核制度与薪酬激励管理制度根本无法发挥出应有的激励作用，实施之后仍旧无法改变工作效率低下的问题。

为什么有的公司规模很小，硬件条件欠缺，大家的工作热情却异常高涨，而有的公司规模很大，硬件条件出众，但员工的工作态度不佳？为什么有的公司可以留住大量的人才，而有的公司每年都在流失人才？为什么有的公司考核严谨，效果也非常好，有的公司却难以贯彻和实施制定的各种考核制度？

想要弄清楚上面几个问题，就需要了解一个重要的管理内容——企业文化。企业文化是企业发展的灵魂，优秀的企业必须建设卓越的文化。如果说企业的发展离不开优秀的企业家，那么一个企业想要实现基业长青，就离不开卓越的企业文化。企业文化的范围很广，包括创新文化、团队文化、执行文化、沟通文化等多个维度。其实，考核与激励也需要建立相应的文化。那些注重考核与激励，并建立良好氛围的公司，往往可以构建起完善的绩效考核与薪酬激励管理解决方案，员工对考核的认知也会更加深刻。反之，当一个企业缺乏相应的考核与激励文化时，员工对内部的考核与激励制度会产生疏离感，甚至有可能会排斥相关制度的落实。

那么企业在实施绩效考核与薪酬激励管理解决方案之前，应该如何打造相关的文化并被员工所熟知呢？

首先，企业要明确企业文化的相关理念，包括企业文化的定性和企业文化理念的定位。企业需要明确自己最需要什么特质来提升生存能力，需要什么样的内在来支撑起战略规划。找到企业存在和发展的内核之后，就可以在其基础上进行丰富，并明确相关的内容。企业可以先编制文化手册，以此来培养员工的价值观、归属感和责任感。比如，公司可以收集、整理和总结一些相关案例，通过这些案例向员工灌输正确的价值观，包括如何才是正确的工作理念，什么才是有价值的工作模式，怎样才能证明自己的价值等。

这些价值观的输出能够帮助员工更好地理解公司的战略目标，并对自己当前的工作产生更大的兴趣。同样地，培养员工的归属感和责任感是为了将员工与公司紧紧捆绑在一起。公司需要做好员工的培训工作，鼓励员工将工作当成自己的事业来对待，在工作细节中展示出个人对公司的忠诚。当员工接受企业文化的洗礼后，对于自己的工作会有更深刻的认识，也会有更大的执行力。他们对绩效考核自然会更加拥护，而薪酬激励管理带来的刺激也更容易引发他们的积极性。

除了企业文化的宣传力度要到位之外，公司管理者还要重点强化内部的考核宣传与激励宣传，让员工充分意识到考核的重要性与必要性，并建立起这样的信念：自己只要好好工作，就可以赢得认同，就能够获得更多更好的奖励。这种宣传可以以培训、会议、面对面谈心的方式展开，也可以举办一些有意义的文化考核活动，用考试或者问答的方式强化员工的考核意识。

在打造企业文化或者加强内部的企业文化建设时，一个很重要的环节就是寻找关键行为。什么是关键行为？简单来说，就是能够凸显企业文化和内在特质的行为。比如，某公司在加强内部文化建设时，想到了一个绝佳的办法，那就是邀请员工代表参与制度的制定，而在过去制定相关制度都是管理者的责任和义务。让员工参与其中，无疑会让他们感受到更多存在的价值，感受到更多来自高层的关注和尊重，也让他们意识到自己就是团队的一个组成部分。还有一点，让员工参与制定制度的行为，会对员工本身产生更强烈的约束和引导。不仅如此，这家公司还将一些制度的制定权交给全体员工，员工可以将自己的想法、意见和建议写出来，然后大家召开会议后进行商讨。当员工参与制定制度的关键行为不断强化、不断扩散之后，就形成了一种集体行为，大家对于绩效考核与薪酬激励管理就会形成一个统一的认识，他们愿意遵守规则，并支持绩效考核与薪酬激励管理的相关制度的实施。与此同时，他们也更能够约束自己的行为，引导和激励自己按照正确的方式去工作。

在谈到绩效考核与薪酬激励管理时，人们绝对不能忽略企业文化建设的价值。一个企业越是缺乏高效的、合理的企业文化，就越是难以凝聚人心，越是难以推行绩效考核与薪酬激励管理制度，或者说推行之后，无法取得预期的效果。

总之，一个聪明的管理者，始终能够明白一点：公司对员工的激励不是一种外在的推动，而应该是一种内在的引导，它不是告诉员工应该做什么，应该怎么做，应该如何去被动地实现自己的价值，而是唤醒员工内心深处自觉为企业发展奉献自己能量的一种精神。构建更完善的企业文化，宣传相应的考核与激励文化，无疑能够让员工变得更具主人翁意识。

依据公司的战略导向来设计系统

在设计企业的管理系统时，通常会看重它是否能够迎合企业未来的发展模式，是否具备引导未来发展方向的能力，在绩效考核与薪酬激励管理系统的构建上更是如此。一个睿智的领导者能够意识到绩效考核和薪酬激励管理在企业战略实施方面所发挥的重要价值，因此会千方百计按照公司的战略导向来设计相关的管理体系。

比如，苹果创始人乔布斯就始终相信一点：质量比数量更重要。因此，在推动内部的绩效考核时，他亲自挑选顶尖人才组成考核小组，用来实施考核任务。

为什么考核小组的成员要选择顶尖的人才呢？乔布斯认为，无论是考核团队的组建还是考核体系的打造，最终都是为企业战略目标的实现来服务的。绩效考核的最终目的，是确保公司的高级经理们能够全身心投入企业战略的实现中去，而不是将注意力集中在企业挣了多少钱，企业的市场份额有多大，企业的股权报酬率是多少。为了实现这个终极目的，乔布斯要求考核小组成员必须非常熟悉苹果公司的企业战略，然后依据这个战略制定考核的相关内容以及具体实施的方法。

为了推动战略目标的实现，苹果公司在制定绩效考核方法时，选择了能够有效监控和推动企业战略的平衡计分卡考核方法，直接把考核内容集中在财务、客户、内部流程以及学习与成长四个方面上，或者说整个考核系统本身就是按照战略需求来构建的。

——财务方面

在财务方面，苹果公司一直强调股东价值。推行这一财务指标的目的就是促使高级经理们去衡量他们的活动对整个公司股东价值会产生什么影响，从而约束和引导他们做出正确的行为。从本质上来说，股东价值并不会推动企业战略实现，之所以考核这样一个业绩指标，就是因为它可以量化那些为促进业务增长而进行的投资可能产生的负面影响。这样一来，就能够有效消除人们偏好毛利和业务增长率的投资理念，使其侧重为未来企业成长进行投资。

——顾客方面

在顾客方面，苹果公司强调市场份额和顾客满意度的重要性。企业高层非常看重市场份额，认为它是提升销售额与吸引软件开发商的关键要素。同样地，他们认为客户满意度可以用于新近开发项目的考核指标，毕竟苹果公司不再像过去一样依赖技术和产品赢得市场的认同。随着社会的发展，服务变得越来越重要，苹果公司正从技术推动型公司向客户推动型公司转变。

——内部流程方面

在内部流程方面，苹果公司非常注重核心能力的开发和保护。正因如此，苹果公司加强了对核心能力的考核，还将用户友好界面的设计能力、强劲的软件构造能力以及有效的销售系统的开发能力纳入考核系统，顺带对这些指标进行量化考核。

——学习与成长方面

在学习与成长方面，苹果公司一直努力推动员工的态度、创新和技能的不断提高。公司为此每两年举行一次全体员工调查活动，及时了解员工对公司战略的认同程度以及员工为企业战略实现所做出的工作业绩。该调查结果能够反映出员工的能力水平与实现企业战略要求的水平之间的差距，从而有助于员工及时改进工作方法，同时有助于公司合理调整企业战略。

这四个方面的内容设计完全契合了苹果公司战略发展的需求。可以说，苹果公司的内部管理之所以做得那么出色，员工的价值发挥以及企业的发展之所以能够达到预期水准，和出色的考核体系息息相关。

薪酬激励管理模式也是如此。一个合理的薪酬激励管理解决方案必须迎合企业战略需求，必须符合企业战略规划。员工应该获得多少报酬，应该以怎样的方式得到报酬，都不能草率设计，而应该符合公司的战略，并能够推动企业战略的实现。

比如，有的企业采用固定工资的薪酬模式。毫无疑问，这种薪酬模式会使员工的积极性受到影响。有些员工意识到，积极工作和消极怠工获得的工资一样，很可能会放弃努力工作。渐渐地，越来越多的员工开始消极怠工，企业的发展便会大受影响。又比如，有的企业只发工资，而不懂得分享股权，这样就会导致员工的归属感不那么强烈，企业始终无法做大做强。又或者，一些企业缺乏多元的激励方式，员工一旦获得满足就会产生倦怠感，从而丧失工作的积极性。相比之下，按照战略导向来设计薪酬激励管理模式，能够更好地避免出现内部激励乏力、激励不到位的情况。

现如今，很多大企业都选择了依据战略导向来设计管理系统。在考核系统与薪酬系统的建设中，这些企业从计划打造考核小组开始，便将战略导向思维融入系统建设的各个环节和流程当中去，并作出明确的规定：

一、绩效考核制度和薪酬激励管理制度必须为企业战略规划服务，甚至成为战略规划的一部分；

二、负责绩效考核与薪酬激励管理的团队必须由熟悉企业战略的人组建；

三、绩效考核与薪酬激励管理的方法必须随着企业战略的调整而进行调整。

按照这样的规定设计管理系统，战略导向机制会充分发挥作用，并最终决定系统的相关结构以及性质。

积极组建考评小组

绩效考核是企业管理中不可或缺的环节,而组建绩效考核小组是启动绩效考核的首要环节。一个优秀的考核团队可以真正保障绩效考核工作的公正、公平、公开,打破领导下属的主观考核模式。

一般来说,一个优秀的考核小组必须具备组织、调配公司资源的权力,为绩效考核提供足够的人力、物力、财力支持。由于绩效考核是从上至下的管理活动,一切变革都要从公司的顶层出发,因此企业绩效考核小组必须由高层来安排。企业绩效考核组织可以设定为委员会制,企业在进行绩效考核的时候,会先成立绩效考核委员会,用来负责企业绩效考核制度的审定、高管和中层考核结果的审定等工作。委员会的主任通常由董事长担任,这样才能保证绩效考核的成功推行。

委员会的副主任则由部门经理(有时候也可以安排总经理)担任,绩效考核委员会成员则包括各个部门的高管和人力资源部的负责人。人力资源部一般会被选为绩效考核推行部门,也是绩效考核组织中的实际责任部门。

人力资源部作为绩效考核的组织部门和监督部门,主要负责绩效考核制度的修订、考核方案(考核表)的设计、审核,组织考核小组进行考核工作,并对各部门的考核结果进行监督、检查、纠偏,汇总提交委员会审定等。

企业高管和部门负责人负责下级的绩效工作,包括确定绩效目标、建立考核卡、执行管理、绩效考核、绩效面谈等内容。

一般来说，部门主管需要参与到考核小组当中，只有他们参与其中，才能带动部门成员去做事；考核小组的成员中也需要专业的财务人员，他们可以为绩效考核提供更明晰的财务数据；从事人事行政工作的人也要参与到考核小组之中，他们可以负责落实或者协助落实考核规则；公司的副总经理、骨干成员、对考核模式认同度高的同事、执行力强的员工、应变能力出色的员工也要参与到考核小组中，他们可以很好地担负起考核工作的相关责任。

不同的考核小组会有不同的组织结构和具体的职责，比如医院的考核小组与企业的考核小组不一样，考核小组的职责更是有很大的区别。

一般来说，考核小组的职责包括：编制绩效考核工作规划、发展目标、年度工作计划，以及细化了的季度和月度计划；建立和维持考核体系，推动考核的实施和管理；配合领导、组织、实施员工的绩效考核工作；依据相关规定，对员工进行奖励和惩罚；建立职位管理系统，协助并指导各部门的绩效考核工作；建立干部考核评估体系和职务晋升体系；指导考核工作的展开，向雇员解释制度问题；协助修订政策指南和雇员手册，提供政策支持，进行政策解释；建立考核信息系统，为人力资源决策提供参考；负责考核工作的汇总和整理，及时编制统计报告和分析报告；做好员工绩效考核的培训工作；评估当前考核制度，提出改进措施；协助人事经理完成其他相关人事工作；完成上级交办的其他任务。

不同的考核小组可能会存在不同程度的任务增减，而且在成立考核小组时，需要针对不同的成员制定不同的工作任务安排。每个成员都要明确并肩负起自己的工作责任，为整个考核小组的整体考核工作做出自己的贡献。比如，最常见的职责分配模式就是组长、副组长、普通成员之间各司其职。

职务	职责
组长	审批绩效考核方案 监督、检查、核实绩效考核结果
副组长	审核修改绩效考核方案，提交领导小组会议讨论通过 监督、布置、确认考核过程以及反馈意见的处理 指导人力资源部处理绩效考核中的突发事件、投诉、举报、意见反馈等问题
普通成员	人力资源部：起草和修改考核方案，上报领导小组会议讨论通过，实施并协助各部执行考核方案 其他成员：负责分管和执行工作（依据考评管理方法） 负责考核过程中的组织、监督与检查、面谈和引导工作 按照组长和副组长指示，复核考评结果

上面的表格便是比较常见的一种职责分配。在实际工作当中，小组成员的职责分配方式灵活多变，并没有统一的标准和模式，有的考核小组结构相对松散，有的相对紧凑和复杂，不同的结构就决定了不同的任务安排。因此，每一个公司在打造自己的考核小组时，都要坚持具体问题具体分析的原则，从实际情况出发，参照公司面临的发展问题和管理问题，找到合适的突破口，组建最合适的团队。

从考核的效果来分析，考核小组的组建需要坚持几个基本原则。第一个原则是打造权威效应。加入考核小组的人都是公司的实际领导者和各部门的主管，他们有能力监督和审核绩效考核工作，确保工作的顺利展开。第二个原则是保持全面性。加入考核的人必须与考核的范围设计对应起来，接受考核的部门必须有该部门的主管来坐镇。第三个原则是坚持独特性。所谓的独特性，是指不同企业需要采用不同的方式进行考核，组建的团队和团队成立模式都不相同，企业要按照自身发展状况和考核需求设计考核方案。

某机械制造公司面临着员工归属感不强、工作效率低的问题，公司的发展速度非常慢，市场竞争力也不强，市场排名连续36个月下滑。为了推动公司及时恢复活力，高层打算组建一个新的考核团队，积极推行严格高效的绩效考核制度，改变过去自上而下的主观考核模式。

为了确保考核小组可以保持更高的工作效率，公司的总经理王先生担任考核小组组长一职，他又任命人力资源部经理何先生担任副组长一职。选定组长和副组长之后，总经理和人力资源部经理开始扩充基本的小组成员，先后将生产部经理、销售总监、技术部主管、品质部主管、财务主管、计划部主管、后勤部主管、仓库副主管、客服主管等人吸纳进入考核小组。

通过这种人事安排，考核小组直接将公司各个部门的主管凝结在一起，确保每一个部门都可以受到直接的约束与监督，确保公司的指令可以下达到各个部门的最基层。而为了让绩效考核深入到每一个环节，考核小组明确了自身的职责：

——设定公司年度目标，推行目标责任制，下达到各部门；

——督促各部门完成工作目标，对部门和个人的绩效进行考核；

——听取部门负责人的考核工作汇报，解决新问题、新情况，优化考核指标；

——提升部门负责人的目标管理意识和管理水平，推动目标绩效管理的实施；

——评估分析考核结果，优化考核问题，决定考核结果是否公布出来。

这是考核小组的职责，而具体分配到每个成员身上，又需要进行进一步的细分。

其中小组组长的职责包括：

1.组织小组履行权责，提出考核工作的总要求，审批目标的设定，审核考核制度，签订各部门的目标责任书。

2.参与管理人员的月度考核工作，审核行政部拟定的考核内容。

3.审批考核结果，参与处理绩效申诉，批示绩效评价中的疑难问题。

副组长的职责包括：

1.协助组长组织小组履行权责，在特定情况下按照组长指示，代理组长所要求的相关权责。

2. 按照考核管理要求，组织分管部门管理人员进行绩效面谈，做好绩效分析和绩效评价工作，确保考核的顺利推进。

3. 依据目标责任书和岗位说明书，制定本部门管理人员考核指标，并监督实施，以便完成本部门绩效指标。

4. 参与本部门和其他部门管理人员的月度绩效考核，主要针对非量化绩效指标。

各成员的职责包括：

1. 对绩效考核制度提出修订意见，对绩效指标和标准提出意见或建议。

2. 依据本部门目标责任书和岗位说明书，制定本部门管理人员考核指标，并监督实施，以便完成本部门绩效指标。

3. 参与本部门和其他部门管理人员的月度绩效考核。

4. 完成对下属人员的月度考核工作，分析绩效，帮助下属提高绩效技能，处理本部门的绩效申诉问题。

在明确考核小组以及小组职责之后，公司开始按照考核流程实施考核方案，结果在第一年就提前完成了年度目标，公司业绩实现了5年以来的第一次增长，企业排名直接上升了37位，业绩打入本地市场的前五名。也正是因为如此，公司的生态链开始恢复活力，拉拢了很多有实力的供应商，赢得了很多大客户的青睐。

考核小组的水平直接决定了考核的效果。如果考核小组组建不合理，那么必定会对绩效考核工作以及后续的激励管理产生消极的影响，因此在组建考核小组时，一定要认真筛选相关的人才，确保小组组织结构的合理性，确保考核团队拥有很强的执行力。

主动推进组织结构的变革和优化

一个合理高效的管理体系往往需要依托强大的组织结构，管理体系的优化往往伴随着组织结构的优化。构建高效的绩效考核与薪酬激励管理解决方案，是企业未来转型所需的一套"顶层设计"，它的出现，除了在制度上做出优化之外，组织结构也要进行相应的调整和优化，确保相关的组织和机构可以变革成为一个更高效的管理载体。

这里强调的组织结构变革和优化，不仅仅在于成立专门的绩效薪酬激励管理小组，或者安排专人负责相关项目的管理工作，更多的在于打造一个更合理的体系。比如从组织机构的调整来说，类似的调整往往和领导者之间有紧密的联系，机构的变化会推动领导者做出改变，而领导者的战略思维和行为方式又会直接影响绩效考核、薪酬激励管理之类的工作，因此，公司必须懂得给领导者、管理者赋能。另外，从战略调整的角度来分析，组织结构基本上是跟着公司的战略变化做出调整的，而战略变化又直接影响了绩效考核、薪酬激励管理，或者说绩效考核和薪酬激励管理本身就是为了满足战略需求而存在的。它们在优化的过程中，往往会对公司战略目标进行分解，然后做出适当的调整，这种调整会反向地推动组织结构变革，而且涉及机构调整、人员安排、职能安排等多项内容。

组织结构的变革和优化是组织变革中一个非常重要的组成部分。随着社会的发展和企业制度的不断完善，组织结构的相关概念越来越丰富，常见的组织结构包括事业部制、职能型组织结构、矩阵式组织结构、客户型组织结构、网络式组织结构。不同的企业会有不同的组织结构，也会存在不同的组织结构变革诉求，企业要找到适合自己的组织结构，然后不断对其进行完善和优化。

对于企业来说，如果想要打造一套完善的绩效考核与薪酬激励管理制度，构建更高效的解决方案，那么也要做好组织结构的变革与优化，为解决方案的实施提供更好的结构基础。这里谈到的组织结构变革优化并不是要求企业所有部门都要进行变革，不同的部门有着不同的结构，不同的部门有着不同的变革需求。因此，结构变革要注意具体问题具体分析，各个部门要按照自己的实际情况进行适当的调整和优化。

一般来说，组织结构的变革涉及四个基本概念：组织、客户、员工、价值。

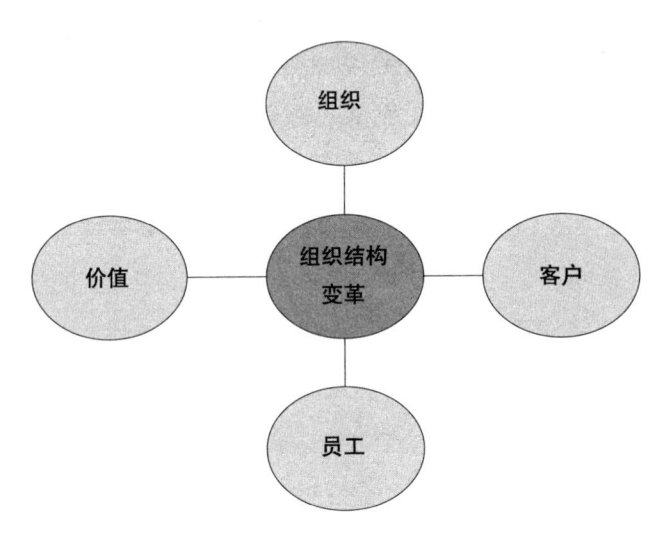

组织是一个输出价值的经济主体，是企业生存和发展的动力平台；客户是企业直接服务的价值主体，为企业发展提供源源不断的能量；员工是为企业和客户创造价值的主体，是企业生存和发展的主要力量；价值是满足股东、客户和员工等相关利益群体需求的效用，是企业存在的根本理由。

所有的组织结构基本都是围绕着这四个概念来变动并依此而存在。比如，有的企业非常依赖客户，这类企业便要为客户提供更多的价值，并将此作为企业的发展方向。此时的组织结构就要重点围绕着客户、价值、组织来变动，其中客户是主体，价值输出是内容，组织的生产方式是保障，三者之间的顺序不能够打乱。

有的企业重视客户关系，会极力输出客户所认同的价值，但这些价值的创造主体是员工。这类企业会依据输出价值的类型，明确什么类型的员工最合适，什么层次的员工能够胜任工作。这种企业的组织结构一般要强调客户、价值以及员工三个概念，顺序同样不能变化。

有的企业更加强调组织本身的性质，企业会依据输出的价值来界定员工与企业的关系，明确企业的价值取向，并以此来影响和约束员工的行为。这类企业会先从企业组织、价值入手，寻求规范员工行为的方法。

一般来说，企业组织结构的内涵基本上都是坚持以客户为中心，以价值为本，体现创造价值的方式，并注重人的价值和力量。从这一点来说，在打造一套绩效考核与薪酬激励管理的解决方案时，需要推动组织结构向内涵所展示的那样去转变。变革者要弄清楚怎样进行考核与管理，才能够确保员工可以创造更大的价值，确保公司的战略规划得以实施，确保价值输出能够满足客户的需求。

比如，很多企业具有多元化的业务需求，而且公司需要保持对市场和客户的灵敏度，因此从一开始就要想办法保证组织结构的灵活性。这个时候，一般就会将原有的职能型组织结构向矩阵式组织结构、客户型组织结构转变。还有一些企业正在打造去中心化的模式，将组织打造成一个具有自主意识、能够协同作战的机构，确保员工可以充分发挥主观能动性，那么公司可以向网络式组织结构转化，或者尽可能优化出一个中心结构不那么明显的体系。

部门内部进行变革和优化时，企业同样需要提前做出调整，以配合绩效考核与薪酬激励管理解决方案的设计、落实以及完善。可以按照业务流程运作来设置部门职责和岗位职责，有的部门更加看重客户，有的更加看重内部的价值创造，有的侧重于员工的筛选，有的则强调组织平台的工作效用最大化，不同的侧重点需要做出不同的变革。

总之，企业在发展过程中，需要面临一些现实问题，包括各个业务单元之间的协调与沟通、业务利润与长期目标之间的平衡、决策速度与效率对外界环境变化的因应。当然，公司需要具备管理才能和领导能力的人才，也需要能够推动绩效考核和薪酬激励管理制度不断完善且能够有效构建沟通和反馈机制的人才。在绩效考核与薪酬激励管理方案落实之前，公司必须做一个更合理的规划，包括具体的结构类型、具体的部门设置、具体的职能安排以及岗位安排，从上到下做一些调整和优化，从而打造一个更好的内部环境。

明确绩效考核与薪酬激励管理制度的基本原则

企业在构建绩效考核与薪酬激励管理制度的时候,需要思考一个问题:什么样的绩效考核与薪酬激励管理制度才是有效的、合理的、科学的,什么样的绩效考核与薪酬激励管理制度才能够更长久地推动员工不断向企业战略目标靠近。

想要打造一个能够长久发挥效用的绩效考核与薪酬激励管理制度或者解决方案,那么从一开始就要确保设计的合理性。这里强调的设计合理,主要是指企业的绩效考核与薪酬激励管理制度设计往往需要遵从一些基本原则,而最常见的原则包括公平性、竞争性、激励性、合法性和经济性。

公平性是指标准统一,同一级别和能力水准的员工,面对的考核内容与激励应该是差不多的。

公平性一般分为三个维度。第一个维度是外部的公平。简单来说,就是相同市场环境下,同等水平但归属不同公司的员工,所面对的绩效考核与薪酬激励管理模式应该是差不多的,而且外界对考核结果和激励结果的认同也是一样的,不能存在"我在这家公司获得的成就,在另外一家同等水平的企业中不算数"的情况。

第二个维度是内部的公平。在同一家公司内,同一级别和层次的员工,绩效考核与薪酬激励管理中面临的情况应该基本一致,不应该出现某一个人的绩效考核项目更多,考核更严格,薪酬更多或者更少的情况。

第三个维度是个人的公平。按照个人的具体工作和具体绩效给予相应的薪酬，薪酬获得应该和绩效考核相关联。有的人做的工作很少，业绩也不出众，但是获得的工资和奖金明显更高，做得多做得好的人反而没有获取应得的奖励，这就破坏了基本的公平。

竞争性主要是指刻意制造激励上的差距，给员工更大的动力。简单来说，是让更加优秀的人获得更多的奖励。通过层级上的划分，可以激发员工的竞争意识，督促和引导他们发挥个人更大的潜力。竞争性大多数时候都是内部竞争，管理者会通过薪酬层级上的划分来激发员工的积极性，督促他们不断挑战更高的绩效和薪酬。有的时候也可以制造外部的竞争，通过适当提高薪酬和考核难度，来激发员工挑战更高目标的心理。

激励性一般包括薪酬的吸引力、层级划分以及多元化。薪酬的吸引力一般是指高工资、高奖金带来的直接奖励；员工往往会在工作中认识到自己的价值，层级划分则可以激励员工去实现自己更高的价值；多元化让员工有了更多的获利渠道，像奖金制度、股权分配制度都具有很强的激励性，比单一的工资要更具吸引力。一套合理的绩效考核与薪酬激励管理解决方案，必须具备激励效果。员工对相关的奖励感到满足，才能激发出更大的奋斗意识和挑战意识。

合法性强调考核方式与薪酬制度的合法，不能使用一些明显违反法律的考核制度来评估员工，具体的薪酬激励管理模式也不能侵犯员工的合法权益。比如，加班时间、工作目标设置、工作难度设置、工资水平、奖金设置都不能违反法律规定。保持合法性是构建绩效考核与薪酬激励管理制度的基本前提，只有合法的制度才能够真正产生价值。

经济性是指企业的考核制度与薪酬制度，需要确保企业以合适的支出来激发员工的工作积极性。绩效考核与薪酬激励管理息息相关，考核的标准不能太低，必须让员工有更大的产出和更大的贡献。与此同时，企业不应该无条件地满足员工的利益诉求，必须衡量薪酬支出与其带来的效益是否成正比。

假设一家企业不顾及经济性，一味给员工降低工作要求并提升工作待遇，那么企业内部的工作效率会越来越低，员工创造的价值也会越来越低。

除了以上几个原则之外，企业在构建绩效考核与薪酬激励管理制度时，还要注重独特性。简单来说就是依据自身的情况和客观事实构建相应的体系，打造相应的解决方案，而不是盲目复制其他公司的制度。

Tenneco是一家非常有实力的跨国公司，在中国也开设了分公司Tenneco中国。这家分公司具有鲜明的地方特色，其管理体制并没有照搬Tenneco总部的管理模式，而是结合中国市场做了创新。比如在薪酬奖励方面，Tenneco中国就设置了独具特色的员工保留奖金，这笔钱存在的目的就是向员工展示企业留下人才的决心。一般来说，工作年限达到一定级别、工作能力突出的员工便有机会获得这份奖金。具体的操作方式是：公司为有资格获奖的员工开设账户，然后往里面放入一笔奖金，员工每年可以从账户中取出部分奖金作为奖励。如果员工跳槽去其他公司，那么就再也无法从账户中拿到钱。不过，当公司主动与员工解除劳动合同，剩余的奖金会全部发放给员工。

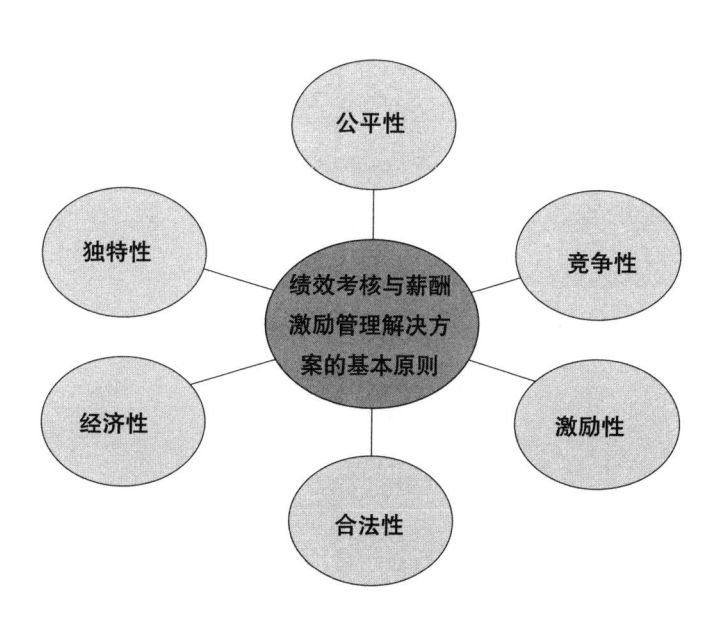

企业在构建绩效考核与薪酬激励管理制度的时候，无论是对内容进行设定，还是对管理模式进行设定，都要遵守以上几个基本原则，这样才能保证相关制度在实施的过程中真正发挥作用。

第三章

实施绩效管理，设定合理的框架

梳理绩效管理流程，让员工知道应该做什么

在谈到绩效考核的时候，往往会提到另外一个词：绩效管理。许多人会将绩效考核与绩效管理等同起来，但它们是两个不同的概念，绩效考核属于绩效管理中的一个环节。从定义上来说，绩效考核是指管理者对照工作目标或绩效标准，用科学的考评方法评定员工的工作任务完成情况、工作职责履行程度，以及员工的进步状态，最后将考核结果反馈给员工的一个过程。绩效考核侧重监督和控制，它直接面向结果。

绩效管理是管理者给员工设定工作目标、工作内容、提升员工工作能力、评价和激励员工工作成果等一系列过程，它是管理者通过人力资源管理来确保企业能够以最佳途径、最佳方法达成预期目标的过程。绩效管理侧重激励和发展，面向结果和过程。

总的来说，绩效考核是绩效管理的核心，而绩效管理则是一个全面掌控绩效、推动员工发展的过程，它是人力资源管理体系中最核心的模块。企业进行绩效管理的主要目标有以下几点：提升管理水平和管理能力、提升业绩目标导向、传递绩效管理价值观、以绩效考核来提升业绩、实现企业与员工价值双赢。

第三章 实施绩效管理，设定合理的框架

绩效管理目标：
- 提升管理水平和管理能力
- 提升业绩目标导向
- 传递绩效管理价值观
- 以绩效考核来提升业绩
- 实现企业与员工价值双赢

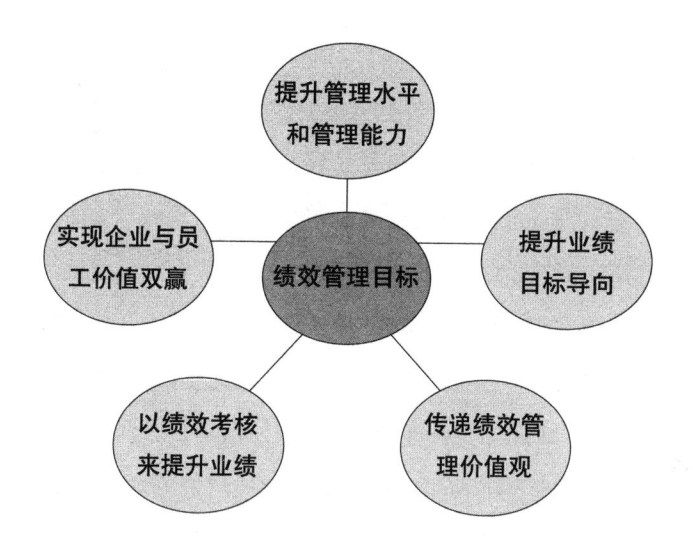

绩效管理是整个管理系统中的重要组成部分，几乎渗透了企业管理的各个方面，对于企业的发展规划和经营战略的落实具有重大的作用。在制定绩效考核与薪酬激励管理体系的时候，往往需要先明确企业内部的绩效管理，而绩效管理具有非常明确的流程。

通常来说，绩效管理流程分为绩效计划、绩效实施、绩效评价、绩效反馈。

其中，绩效计划是绩效考核实施计划制订的一个过程，企业各级管理者会将考核周期内员工工作目标、工作内容、具体工作要求等做一个明确的说明，然后努力和员工达成一致。在绩效计划这个阶段，负责绩效管理与绩效考核的管理者需要完成一些基本工作。

绩效考核实施的前提是公司颁布了《绩效考核管理制度》。这是一份指导性的文件，它明确了考核职责分工、不同类型的人的考核周期以及具体的考核方法。公司颁布了这份文件，就可以启动绩效考核。接下来，需要明确公司的年度经营目标，并将其分解成部门和员工的考核目标。

完成绩效考核之后，便可以开始进行绩效考核结果评估。绩效评价是绩效考核中的一个关键环节，管理者通过科学合理的考核方法，对员工的工作

表现作出评价。一般情况下，各部门依据季度绩效考核指标进行自评，将自评结果提交人力资源部，考核成绩也会提交人力资源部审核备案。

如果人力资源部对考核成绩存在异议，就需要各部门负责人限期调整。部门负责人还要与员工进行深入交流，确保员工认可这样的绩效考核成绩。员工如果提出异议，需要填写《绩效考核申诉表》或者发邮件向人力资源部提起申诉。人力资源部组织相关人员对考核成绩进行评估，并给员工合理的解释，申诉结果处理后要存档备案。每个季度，人力资源部都会汇总考核成绩，提交公司审批并按《绩效考核管理制度》执行。最后，公司领导会依据考核成绩，找那些参与绩效考核的员工面谈，对他们做得好的地方给予及时的鼓励，对存在的问题进行一一指正，帮助他们提升能力。

许多企业之所以会觉得内部的绩效考核无法起到激励作用，甚至于绩效考核没有任何价值，很大一部分原因是从一开始就没有准确了解绩效管理，也没有打造一个完整的管理流程，这严重影响了绩效考核的效果。

比如，很多企业在进行绩效考核的时候，只停留在绩效实施层面，却忽略了绩效考核需要纳入绩效管理的框架下来进行。这些企业或许并不重视绩效计划，虽然也制定了考核周期内的工作目标、工作内容、具体工作要求，但没有和员工进行沟通，双方在具体的考核内容和要求上存在分歧。这个时候，整个计划是存在漏洞的，会对接下来的绩效实施产生不良影响。还有一些企业虽然做好了绩效计划和绩效实施工作，但缺少更加有效、合理的评估，导致考核结果难以真正反映员工的真实能力，而且对员工未来的安排以及激励都会造成不良影响，降低了考核的精准度。一些企业不注重绩效反馈，觉得绩效考核就是单纯的考评，这样就导致表现好的员工没有得到及时的鼓励，而表现不好的员工会在接下来的日子里继续表现不佳。

绩效管理是一个体系，绩效考核只是其中一个环节。因此，在构建绩效考核制度或体系时，不能够单独来看待绩效考核，而要将其纳入整个绩效管理体系中，这样才能够更好地推动绩效考核的工作，并保障绩效考核的有效性。从某种意义上来说，打造绩效管理体系本身就是构建一个更完整的考核框架，在这个框架内，企业、部门、员工都知道自己需要做些什么，需要把握什么样的内容，从而更好地保障考核实施的效果。

针对不同职位，设定不同的考核周期

企业在构建绩效考核与薪酬激励管理制度时，通常需要先制订一个明确的考核计划，这是构建体系的一个重要组成部分。在制订考核计划时，要了解一些最基本的工作目标、工作内容、具体工作要求。另外，还要设定考核周期，无论是工作目标、工作内容，还是具体的工作要求都需要设定一个基本的前提，那就是"考核周期"。那么，什么是绩效考核周期，不同职位、不同人员的绩效考核周期又有什么不同吗？

绩效考核周期就是绩效考核期限，简单来说就是多长时间对部门、员工进行绩效考核。许多人会觉得考核内容是核心，考核时间不太重要，有时间就考核，没有时间可以往后拖延。这种想法不可取，因为绩效考核是一项比较复杂的工作，往往涉及人力、物力等资源的消耗，考核周期如果太长，往往无法进行准确的考核。那些好几年才进行一次绩效考核的企业，内部的管理效率往往不高，而且存在管理不到位的情况。而考核时间设置太短的话，管理成本会不断增加，频繁的考核会带来更高的财务压力。因此，绩效考核的周期需要按照具体情况进行合理安排。

不过，企业内部的绩效考核周期并不是完全统一的，不同的部门，不同的职位往往会有不同的考核周期。

—— 管理类岗位的绩效考核周期

管理类岗位的绩效考核，是指针对管理人员的绩效进行考核，通常是指对公司、部门、团队业绩完成情况和管理状况进行分析的过程。考虑到管理人员对公司发展战略负责，而战略落实并不是短期内可以看到具体成果的，因此针对他们的考核要适当拉长周期，如高层管理者的绩效考核周期可以设定为一年，中层管理人员的绩效考核周期设定为半年。

—— 销售人员的绩效考核周期

对销售人员进行绩效考核，主要集中在销售款、回款、利润率、客户满意度等指标上。多数情况下，公司会选择以自然月为周期进行考核，所以这类人员的绩效考核周期基本上是月度考核加上年度考核，有时候也可以采取即时考核、及时奖励的方式，用来提升员工的工作积极性。考虑到不同产业的销售情况不一样，一些商业模式下的周期会更长一些，因此考核的周期可以适当延长，采用季度加年度的模式。

—— 研发人员的绩效考核周期

对研发人员进行考核时，可以按照项目实施周期来确定考核周期，也可以直接采用固定周期的模式。比如，研发人员从事一些大型项目工作，项目的周期比较长，那么就可以按照固定的时间节点和具体成果来进行考核。固定时间节点就是指月度或者季度，不过更多时候可以按照某一阶段内的具体成果来考核，只有出了具体的成果才算一个考核周期。在整个项目完成后，还要进行一次综合考核。如果项目不大，完成时间大都在半年以内，而且还能兼顾多个项目，那么考核周期可以设置为季度或者半年度。

—— 职能类员工的绩效考核周期

对职能类员工的绩效考核，主要侧重于对工作行为进行监控、记录和评估。这类员工的工作有制度依据，但工作结果量化成本高，更适合监控的模式，一般可以设定为一个月或者一个季度考核一次。

—— 生产操作类员工的绩效考核周期

对生产操作类员工的绩效考核，主要侧重于对质量、成本和交货期的考核。如果产品的生产周期通常比较短，一个批次的产品也许只需要几天或者一周就可以完成，考核周期可以缩短为周和月度，这样能够做到及时发现问题以及及时奖励。也有极少数产品生产周期很长，此时就要注意延长绩效考核的时间。

不同的岗位往往需要设置不同的考核周期，但这也不是绝对的，公司内部是否需要设置不同考核周期，还是应该根据实际情况来进行操作。如果公司的授权机制灵活高效，各部门拥有更加独立的经营权，那么不同岗位就可以按照自己的实际情况设定独立的绩效考核周期，但此举也会增加企业的管理成本。如果一些公司规模比较小，内部管理机制比较统一，那么就可以选择统一内部的考核周期。这样一来，后续的评估、奖励都可以统一进行，节省更多的人力、物力和时间。总之，公司应该按照具体的发展情况和具体的管理体系来设定不同岗位的考核周期。

明确个人与部门的考核指标

人力资源管理的核心是绩效管理，绩效管理中最重要的环节是绩效评价，而绩效评价通常是通过考核绩效指标来体现的。如果指标不明确、指标不合理，就会出现绩效评价不严谨、绩效评价错误的情况，整个绩效考核的落实也会面临很多问题。

绩效考核指标就是将品德、工作绩效、能力和态度用科学方式结合组织特性划分项目与标准，用以绩效评价与业绩改善。企业员工考核指标包括企业员工的品德、工作绩效、能力和态度等，公司在考核时需要对这些指标进行综合的检查和评定，以此来评估员工的工作业绩和工作潜力。

企业在着手进行绩效管理时，一般会先制订绩效计划，而开展绩效计划的第一步就是制定绩效考核指标。这类指标一般是从《岗位职责说明书》和年度任务中提取出来的，《岗位职责说明书》在入职时就会发给员工看。年度任务指标则需要高层专门召开会议商讨，然后与各级负责人进行协商确定。

确定企业总体考核指标后，便可以将这个总体考核指标进行层层分解，各部门还要对绩效任务能否顺利完成进行内部研讨。由于每一个岗位的工作任务不一样，考核的内容肯定也不一样，因此考核者需要在每一个岗位上进行筛选，确定该岗位的关键考核指标。等到明确了关键考核指标，就可以确定考核指标权重、考核指标的目标值，然后了解具体计算考核分数的方法。最后，企业需要编制年度绩效考核计划，将《绩效计划书》或者《年度绩效考核任务书》进行详细、认真的落实。

各部门会通过书面报告、会议、面谈等正式沟通方式，或者通过日常交流和非正式会议等非正式沟通方式，向员工落实《绩效考核任务书》，明确员工考核指标。其中，部门管理者需要向员工传达公司的价值观和业绩导向，明确绩效考核指标的来源和依据，明确被考核者的任务目标。

无论是设定企业的总体考核指标，还是进行考核指标的层层分解，绩效考核指标的各种设定一般需要遵守SMART原则，即Specific（具体的）、Measurable（可度量）、Attainable（可实现）、Relevant（有关联）、Time-based（时间限定）五个原则。SMART原则一般用于目标管理当中，在绩效考核指标的设定上也同样适用，五个原则相互补充，缺一不可，一旦指标中缺失了其中一项，那么很容易导致绩效管理陷入混乱。

Specific主要是指企业制定的考核指标要具体明确，不能模棱两可，这样才能被考核者与被考核者理解。很多部门会给参与考核的员工设定工作要求和，比如"获得更大的市场份额"，但具体的市场份额是多少，又是哪里的市场份额，则没有一个明确的说法，这就是内部考核指标不具体。

Measurable要求相关指标必须是可衡量的，它应该借助具体的数据来支撑和解释，这样员工在考核过程中才能更好地把握。比如，在强调生产规模时，一般会强调每个月的产量突破300吨，或者一个月的收益达到200万元。这些具体的数字描述能够清晰地让考核者和被考核者理解，操作起来也更加方便。

Attainable强调考核指标的可操作性。如果指标的设置明显不符合实际，超出了员工能力之外，或者超出了部门发展的预期和规划范围，相关的考核任务就难以完成，工作业绩肯定不达标。假设员工一年前创造的收益是200万元，然后今年就要求对方创收500万元，这明显不符合实际，不符合可操作性原则。

Relevant指的是考核指标的现实性与关联性。也就是说，它的存在与现有资源是有关联性的，如果没有相应的资源作为基础，就随随便便制定一个指标，只会增加考核实施的难度。一家生产纯手工产品的公司，要求某部门进行人工智能的技术研发，这无疑是不现实的，这样的指标与现有的工作也没有什么关联性。

Time-based是绩效考核指标的一个时间要素，它要求考核指标的落实和实现必须有一个基本的时间限定，目标的完成必须有一个具体的时间进行规范，否则企业在追求目标的过程中可能会出现无期限的延迟。比如，很多管理者要求销售员必须创造3000万元的销售额，这样的指标没有任何意义，他们必须加上时间这个要素，如要求员工半年或者一年时间内完成3000万元的销售额。

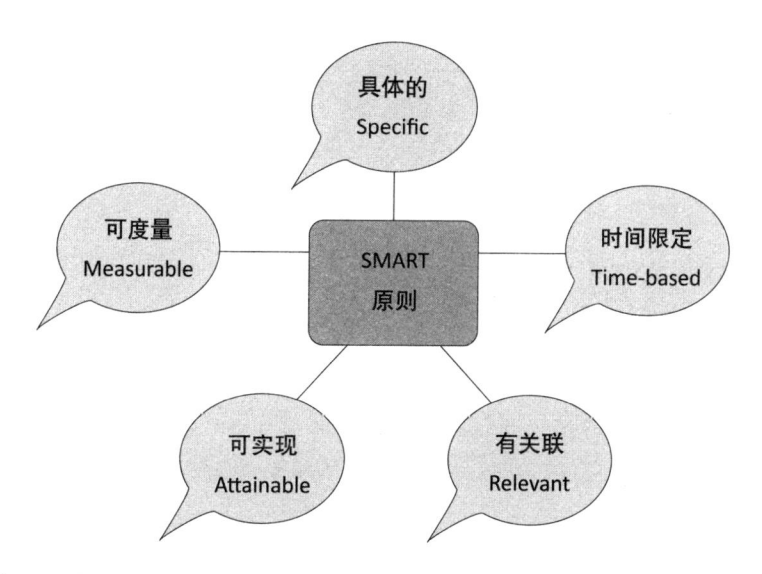

除了以上几个原则，绩效考核指标往往还需要坚持一些基本的理念。

绩效考核指标要与企业战略目标保持一致。在设定绩效考核目标之前，需要对企业战略目标进行确定，然后层层分解。相关部门和岗位被赋予战略责任，员工要承担各自的岗位职责，只有这样才能够提升整体的绩效。

绩效考核指标还要注重把握关键绩效指标。不同的考核指标之间是相关的，在考核时不一定要全部关注，太多指标会分散注意力，增加管理难度，通常只要把握少数关键绩效指标，就可以有效引导员工的行为向战略目标靠拢。

绩效考核指标应该坚持素质和业绩并重的原则，员工的工作能力、工作态度、工作业绩、社交能力同等重要。

绩效考核指标还应该按照企业的实际情况来设定。企业管理者不要总是羡慕别人的考核指标多么好，要依据自身实际情况进行调整。需要注意的是，考核指标并不是一成不变的，需要根据企业内外的情况进行调整，做到"缺什么，考什么""要什么，考什么"。

设定企业的考核目标，并做好目标的分解

在正式启动绩效考核之前，公司通常会颁布《绩效考核管理制度》，用来指导具体的考核工作。在启动这份文件之前，首先要弄清楚公司年度经营目标。年度经营目标是基于公司发展战略，结合外部环境变化来制定的，其中包括了各部门参与制定的业绩目标、市场目标、客户服务目标、管理目标、员工技能提升目标等内容。

像销售收入、净利润、净现金流量这些就属于业绩目标，它们主要用于评价公司收益能力和市场表现，然后以此来判断公司经营风险有多大。业绩目标最终会分解到产品线和事业部相对应的业绩指标上。

市场与客户的维护拓展、市场占有率、客户满意度、产品质量则属于市场目标，它们用于评价公司在为客户提供产品和服务过程中的综合表现。

管理制度是否规范、流程执行是否高效、绩效考核是否严谨、奖励制度和人才培养机制是否完善，这些都是管理目标的体现。

依据公司各个部门的业务范畴，公司会制定不同类型的年度经营目标，而这些年度经营目标是企业发展的总体规划。考虑到实现目标的主要力量是各个部门的员工，因此想要真正让这些目标得到落实，就需要对年度经营目标进行分解，确保它可以更精准地指导员工的日常工作。

一般来说，公司会把这些年度目标层层往下分解，并落实到各个参与考核的部门，各部门在了解这个总体目标之后，会签署《绩效考核任务书》，然

后依据自身的实际情况承担起各自的考核目标。生产部、研发部、财务部、人力资源部、市场部等诸多部门会按照自己的工作职责来承担相应的发展目标。

需要注意的是，对于一些跨部门的考核指标，可以通过调节考核权重的方式来平衡各部门的职责权重。像研发部、生产部可能存在跨部门的考核指标，在具体落实考核指标的时候，就可以按照研发部与生产部的实际情况进行设定。如果这个指标对研发部更加重要一些，那么就增加它在研发部的考核权重；如果该指标对生产部更加重要，那么就适当增加它在生产部的考核权重。

在设定考核目标的过程中，一定要先明确企业目标，然后将其分解成部门目标，最后进一步分解成员工目标，整个过程是自上而下展开的。在分解的过程中还要统筹规划，注意各个分目标在实现时所需要的人力、物力和财力。此外，各个分目标的实现时间最好可以进行协调和统一，尽可能保持同步推进的状态，以确保目标的总体实现。

如果对绩效考核目标的分解过程进行细化，就会发现公司总体战略目标可以从时间、空间、要素三个维度上进行分解。从时间维度上来说，公司总体战略目标可以细分为：第一年的主要目标是什么，第二年的主要目标是什么，第三年的主要目标是什么，并以此类推。它实际上是将总体战略目标具体切分成每一年的年度目标，而年度目标会具体落实到各个部门和各个岗位上。

比如，某公司的战略目标是在未来10年时间内成为年销售额突破50亿元的大企业。那么，在具体落实这个战略目标时，可以明确第一年的销售目标是突破3亿元，第二年的销售目标是突破5亿元，第三年的销售目标是突破10亿元，第四年的销售目标是突破15亿元，第五年的销售目标维持在20亿元左右，然后不断增加目标实现的难度，确保在规定时间内达成突破50亿元的年销售额。通过时间分解，往往可以让整个目标实施的计划更加清晰，而各部门要做的就是完成每一年度设定的目标，员工则应依据具体的情况设定月度、季度和年度考核目标。

从空间维度上来说，公司的总体战略目标会被直接分配到各个部门当中，包括人力资源部的主要目标是什么，市场销售部门的主要目标是什么，生产研发部门的主要目标是什么。通过空间上的分解，公司的总体战略目标可以快速落实到各个部门，然后各个部门承担起进一步分解目标的责任。

战略目标分解到各个部门时，往往会以不同的形态出现。比如，销售部可能更看重销量和客户，生产部更加侧重产量与质量，人力资源部可能倾向于管理建设与队伍建设。每个部门都会按照自身的职能属性设定相应的目标，然后各部门相互配合，相互协调，共同完成企业的战略目标。

从要素维度上来说，公司的总体战略目标可以分解为组织结构调整、人才队伍组建、管理体系建设、企业文化建设等多个方面。这一种目标分解模式基本上会按照实现总体战略目标所需的要素进行。也就是说，人们首先要弄清楚构建一个强大的并有能力实现战略目标的企业需要在哪些方面进行强化，然后反向操作，将总体战略目标分解到各个关键要素上。

一般来说，这三个维度会同时展开，便可构建一个多维度的、立体的分解体系，确保公司的总体战略目标可以得到有效的分解和落实，从而推动绩效考核不断深入。

绩效考核结果评估、应用和完善

当公司的阶段考核周期结束时，人力资源部会组织召开一个绩效评估会议。为了确保会议的顺利展开以及绩效评估的有效性，人力资源部会制定周密详细的《绩效评估会议计划》，明确评估的时间、评估的部门、参加评估的工作人员以及做好评估报告的准备工作。企业需要与部门签订《绩效考核任务书》，各个部门会依据季度考核指标进行自评，绩效考评要做到客观与公正，自评结果作为绩效偏差的重要参考，然后提交到人力资源部。

人力资源部如果对考核结果存在异议，部门负责人就需要在规定时间内做出合理解释和调整。同时，部门负责人应该与员工进行深入交流，确保员工认同调整后的绩效考核成绩。员工对考核成绩存在质疑，可以向人力资源部提起申诉。员工申诉时只需填写《绩效考核申诉表》交给人力资源部，或者直接发邮件交给人力资源部即可。人力资源部对绩效结果进行评估，做出合理回复，并将申诉结果存档。

绩效考核申诉表

申诉人		岗位		所在部门	
考核者		考核期间		考核成绩	
申诉事件以及理由（提供证据）		申诉人：		日期：	
考核者说明（提供证据）		考核者：		日期：	
申诉处理意见人		人力资源部：		日期：	
审批栏		人力资源总监：		日期：	

存档之后，公司会安排专人对被考核者进行面谈，了解影响员工工作绩效的具体原因。这些原因可以分为内部个人因素和外部环境因素。其中，内部个人因素包括企业文化、人际关系、工作环境、个人的能力、工作态度、个性动机等内容；外部环境因素包括社会环境、竞争环境、家庭环境、外部诱惑以及经济条件。在分析影响员工工作绩效原因的时候，需要对各种因素进行分解，尽可能分解出更加细化的因素。

公司要针对这些因素进行全面排查，找出影响员工工作绩效的主要因素，然后通过沟通来找出绩效管理中的薄弱环节，并制定解决问题的具体方案。对于表现不佳的员工要制定绩效考核应对方案，帮助对方提升绩效。

在具体的面谈过程中，一定要保持良好的沟通态度：双方要坦诚相对，针对问题进行深入交流，做到对事不对人；面谈应该以倾听为主，让员工说出内心的想法；不要将不同的被考核者进行对比，避免伤害员工的自尊心和自信心；沟通时不要总是针对不佳的表现给予批评，员工做得好的地方也要及时给予鼓励；员工可以积极向上反馈，面谈者要注意收集反馈的相关内容，并进行系统总结。

比如，某公司的部门经理给下属的月度考核打了一个最低分，这让一直以来都兢兢业业工作的下属感到非常生气。下属觉得，自己虽然这个月的工作并不算太出色，但绝对不可能是部门内部表现最差的人，相比部门其他多数人，他觉得自己的工作表现不算糟糕。因此，下属认定是部门经理故意为难自己，想要趁机处罚自己，为此他填写了一份《绩效考核申诉表》，呈交到人力资源部。人力资源部在接收到《绩效考核申诉表》后，对该员工的工作绩效以及部门经理给出的分数进行了评价，认为部门经理的评分没有什么问题。这时部门经理应该与下属进行面谈，消除下属的疑虑。

于是，部门经理找到这名员工，然后双方在办公室里进行了深入的交谈。部门经理谈到了自己给出最低分的理由：员工本月的工作效率最低，而且工作的误差是最大的，在处理人际关系方面也比较糟糕，本月收到了三位客户的投诉。这名员工听完部门经理的解释，态度缓和了许多，同时表示愿意改进自己的工作技能和服务态度。部门经理也针对这两点进行了指导，将自己的工作经验传授给对方。经过这次面谈，双方很快消除了误会，下属也接受了最终的绩效考核分数。

面谈是一项重要的工作，是推动绩效考核结果得到应用的前提。绩效管理工作想要变得更好，员工的能力想要得到增强和完善，都需要通过面谈来达成。

为了更好地推动面谈工作、更高效地总结面谈结果，可以制定一个《绩效考核面谈表》，然后按照表格来进行面谈。

绩效考核面谈表

被考核人		岗位		所在部门	
考核者		考核期间		考核成绩	
访谈目标					
访谈方式					
访谈地点					
访谈纲要	1. 2. 3. 4. ……				

(续表)

	面谈内容	面谈结果	主要意见或建议
访谈问题记录	是否认可考核结果		
	工作突出的地方		
	工作不足的地方		
	下一步改进目标		
	希望得到的培训		
	……		
访谈人	访谈人（签字/日期）		

绩效表现不佳的被考核者需要及时找到导致绩效差的原因，并在面谈结束后落实《绩效改进计划表》中提出的需要改进的要点。

具体来说，需要遵循一定的流程落实绩效改进的工作。首先，明确绩效考核中的不足之处，看清绩效考核的结果与标准成绩的差距有多大，弄清楚造成这种差距的原因；其次，针对原因提出改进措施，设定具体的改进步骤和绩效改进计划，并针对性地制定《绩效改进计划表》；最后，落实改进计划的实施并进行检查。在进行绩效改进的时候，考核者应该保持耐心，不要试图在短时间内就要求员工达到预期水平，或者要求员工必须完成预定的指标。考核者应该给予被考核者更多的时间和空间改进绩效，而且对于被考核者的任何一点进步都要及时给予鼓励，以确保改进工作的顺利推进。

在整个绩效管理流程中，绩效考核结果的评估、应用和反馈是非常重要的步骤。许多人认为，绩效管理的步骤止于绩效考核实施，这是非常错误的理解，会造成绩效管理和绩效考核工作的缺失，影响最终的考核结果，也会对员工的发展和企业的发展产生阻碍。只有做好绩效考核结果的评估、应用和反馈等相关工作，整个绩效管理才能更加完整、更加高效。

对部门团队及负责人的考核

部门是构建整个企业的基本模块,企业得以运作,企业目标得以实现,企业的相关指令得以实施,都需要依赖各个部门来执行,没有部门来落实具体的方案、目标,企业的发展也就无从谈起。正是因为如此,在构建整个企业的考核体系时,对部门的考核不可或缺。只有落实具体的考核机制,才能够真正发挥部门的功效,才能推动企业战略的实现。

那么,在针对部门进行考核时,要强调部门团队以及团队负责人的考核。

—— 针对部门团队的考核

部门团队一般包括公司业务管理部门、职能管理部门以及各个生产单元,而生产单元又可以划分成生产企业的生产车间、工程公司的项目部、连锁经营公司的直营店、技术服务公司的业务部等机构。针对不同类型的部门团队,需要采取不同的考核模式。比如,工程项目部可以按照项目周期进行项目考核,具体的周期依据不同项目的进度来安排。生产企业的生产车间、连锁经营公司的直营店、技术服务公司的业务部等机构,一般可以进行年度考核。

在明确部门团队的考核周期后,需要想办法将企业发展战略和年度经营目标进行分解,各个部门制定自己的经营目标。在这个过程中,公司应该组织各个部门召开会议,然后与各个部门签订经营目标责任书。年度考核通常会选择在第二年年初展开,公司会依据各部门的经营目标完成情况进行评价。

项目部的考核往往会在项目结束后展开，依据项目具体的完成情况做出评价。

——针对团队负责人的考核

针对团队负责人的考核一般和部门团队的考核一起展开，不同的部门团队会有不同的考核周期与考核方式，而团队负责人也会依据自己所处的部门团队接受不同的考核。一般情况下，团队负责人会采取年度考核的方式进行考核，而且负责人会签订目标责任书。因此，绩效考核会以目标责任为主，同时在考核中纳入满意度、综合测评等指标。

在考核的过程中，需要对部门团队及负责人进行阶段考核，也就是月度考核、季度考核以及半年度考核。企业因为业务性质、行业特征及公司管理风格的不同，采用的阶段考核方式也不一样。比如，有的企业倾向于宽松的管理方式，可能会选择半年度的考核，或者季度考核；而一些管理更为严格且工作流程较短的企业，喜欢用月度考核的方式。不过，无论是哪一种阶段考核方式，本质上都是为了将过程控制与结果控制结合起来，确保每一个阶段的绩效表现符合预期水准，为顺利实现年度经营目标奠定基础。

正因如此，考核者应该将目标责任考核与阶段过程考核相联系，目标责任必须反映在阶段考核当中，而阶段考核则需要制定相应的指标来支撑其年度考核目标，确保年度目标顺利实现。比如，某生产部门的年度经营目标是产品的产量突破40万件，那么具体的阶段考核就要迎合这个40万件产品的年度经营目标来设置。如果某生产部门第一个季度的产量不足3万件，半年度的产量还不到10万件，那么这样的阶段考核基本上是不合格的。企业需要及时找出产量偏低的原因，然后针对性地做出调整，确保生产部门在下半年可以拿出更好的表现，确保年度生产目标可以实现。

在针对部门团队的阶段考核中，绩效考核一般以关键绩效考核为主，同时纳入满意度这样的考核内容，因此部门团队的阶段考核结果是综合关键业绩得分与满意度评价得分计算出来的。不过，在阶段考核中，关键绩效考核占据主要位置，满意度考核所占权重一般控制在10%～20%，这样才能确保考核的客观性与合理性。满意度考核所占的权重太高，可能就显得过于主观，会影响关键绩效考核本身所具备的说服力；如果满意度所占权重太低，那么部门团队的阶段考核又显得太过于僵化和死板。

关键绩效考核指标以及绩效目标一般可以通过鱼骨分析法来找出。

一般来说，公司会先明确业务重点，接着让大家畅所欲言，找出关键业务领域的关键绩效指标。也就是说，企业需要弄清楚哪些关键因素会影响目标的实现，将其选为衡量指标。企业战略目标和年度目标也会分解成部门绩效目标，企业的关键绩效考核指标也会往下分解。在具体实施的过程中，公司的分管领导往往会提出相应的关键绩效考核指标以及绩效目标，公司总经理则会亲自给予审定，审定通过之后才能执行。

对部门团队的关键绩效指标进行考核时，通常会按照三种常见的方式进行。

第一种，公司总经理、公司分管领导以及其他的领导针对具体的绩效进行打分，然后通过加权的方式确定。比如，总经理的打分占比30%，分管领导的打分占比40%，其他领导的打分占比30%。

第二种，由公司分管领导提出具体的评价意见，然后上报给公司总经理，由总经理做出最终的评定。

第三种，公司主要领导组成一个绩效评估委员会，委员会对部门团队的绩效做出合理的评定。

这三种模式各有特点，没有优劣之分，公司需要依据自身的企业文化特点和领导者的风格来做出合适的选择。

首先，被考核部门需要做自我陈述，对部门内部的阶段工作成果做出简要的说明和汇报，然后逐步解释各个考核指标，并提供必要的绩效考核数据进行说明。其他相关部门应该提供相关考核数据，用于有关考核指标的评价和说明。分管领导同样需要对分管部门的工作进行评价和说明。自我陈述是一个很关键的步骤，是确定考核结果的重要参考依据。

其次，公司总经理需要对绩效考核结果做出最终的说明，对那些表现较好的地方给予肯定和鼓励，对那些表现不佳的地方提出批评，并给出具体的改进方向和方法，引导被考核部门完善和改进自己的工作。

与部门团队的阶段考核一样，团队负责人一样要进行阶段考核，考核的内容主要包括关键绩效考核以及能力素质考核。团队负责人的关键绩效考核与部门团队的业绩考核受到同等的对待，考核机制以及流程大都相同。考虑到团队负责人在部门中扮演的重要角色，为了提升负责人的能力素养和工作态度，公司会在团队负责人的考核机制中纳入末位淘汰思想。一旦团队负责人在绩效考核中的分数排名靠后，或者低于一个标准分数，那么就会被列入不合格等级当中，或者被列入待改进等级中。这个时候，团队负责人就需要及时改正自己的工作方式，改善工作中的不足，争取在接下来的考核中分数能够得到提升，否则随着多次考核分数偏低，很可能面临被公司辞退的风险。

对普通员工的考核

在绩效考核流程中,往往伴随着企业战略和年度经营目标的分解,先分解为部门级的目标,然后进一步细化为员工具体的工作目标。为了推动企业战略目标的实现,就需要对员工进行考核。

公司通常会成立考评小组,对员工进行全面考核和评价。对于员工的考核可以使用阶段考核的方式,以月度、季度、半年度为周期进行考核。不同企业的员工,不同岗位的员工,阶段考核的方式也不同,员工的年度考核则依据阶段绩效考核结果确定。

在针对员工的阶段考核中,绩效考核一般以关键绩效考核为主,同时纳入能力素质这样的考核内容,因此员工的阶段考核结果基本是综合关键业绩得分与能力素质评价得分计算出来的。在关键绩效考核方面,公司会先明确业务重点,然后通过头脑风暴的形式找出关键业务领域的关键绩效指标,接着这个关键绩效目标会分解到各个部门当中。公司的分管领导会针对各个部门的情况,提出相应的关键绩效考核指标以及绩效目标,公司总经理亲自审定后方可执行。部门负责人通常会根据阶段工作目标及重点,确定各岗位考核指标及考核指标的权重,分管领导审定后必须在第一时间通知各岗位人员。

假设A部门的员工进行绩效考核,那么就可以制定一个详细表格来说明关键绩效考核评价者和权重。

A部门员工的绩效考核表

被考核者	考核者以及权重		
	A部门经理	B部门经理	C部门经理
A部门技术人员	（权重）	（权重）	（权重）
A部门财务人员	（权重）	（权重）	（权重）
A部门营销人员	（权重）	（权重）	（权重）

员工能力素质的考核指标，一般是由部门负责人依据员工的表现提出的。能力素质考核一般会按照季度进行。在计算员工考核分数时需要按照关键绩效与能力素质所占的权重来给出一个具体的分数，有时候甚至需要将部门满意度纳入考核中，并在计算中加入它的权重。

比如，某公司在进行业绩考核时，关键绩效考核的得分占比70%，能力素质考核得分占比20%，部门满意度考核得分占比10%。那么在考核的时候，考核的得分=关键绩效得分×70%+能力素质得分×20%+部门满意度得分×10%。

在对员工进行绩效考核评价的时候，往往会确定考核的等级。绩效考核等级的划分并没有一个明确的标准，每个公司的绩效考核等级都不一样，一般可以划分成优秀、良好、中等、合格、不合格五个等级，或者划分成高级、中级、初级三个等级。当然，也有直接分为合格与不合格两个等级的。不同的划分方式，往往会有不同的效果，也会对员工绩效考核的进度产生影响。一般来说，等级划分越多，考核越严格，激励效果越好；而等级划分越少，虽然减少了更多的内部矛盾，但同样会弱化激励效果。等级的划分可以按照具体的考核得分来划分，比如90分以上为优秀，80~90分为良好，70~80分为中等，60~70分属于合格，60分以下就是不合格。又或者可以按照比例来划分，强制规定30%的为高级，40%的为中级，30%的为初级。公司会按照具体的绩效考核分数，将员工划分到不同的等级上。

公司一般会依靠划分好的绩效考核等级以及个人各个季度的绩效考核分

数来确定年度绩效考核评分。与此同时，被考核的员工可以先进行自述，对自己的工作进行评价，然后呈交一份个人工作小结，积极描述自己的优势和能力。各部门会结合年度考核评分与个人的自述评分，给出一个最终的结果。分管领导先对结果进行审核，再交由人力资源部审核，最后由公司总经理进行审核，审核通过之后予以批准。

考核结果批准并得到公布后，部门负责人应该找到部门下属员工，展开绩效考核反馈面谈工作，而部门分管领导也应该与部门主管以上员工进行绩效考核反馈面谈。面谈时，负责人和分管领导应该向员工准确地传达考核结果，告知对方有关人员的评价意见及建议，尤其要针对对方绩效不足之处，指出具体的改进方向和方式，指导对方掌握自我提升的要点、目标以及自我提升所需的条件。

绩效考核是由"人"对"人和事"进行的评价，任何一个看上去非常完美的绩效考核方案都存在不足之处，并且会在绩效考核实施过程中产生一定的误差。许多人会觉得存在误差很正常，根本不算什么大事，但事实上，如果企业任由绩效考核误差的存在，会导致员工的绩效和能力不能得到真实的呈现，员工的工作积极性会因此受到重创，企业文化和内部关系也会因此受到很大的冲击。此外，如果考核结果的误差比较大，员工就会失去自我提升和完善的方向，导致自信心和个人发展受到影响，对企业运作效率的提升也会产生消极影响。正因如此，企业需要通过面谈的方式构建更好的反馈机制。

因此，在面谈过程中，公司一方面需要加强考核者的培训，提升考核者的素养；另一方面需要了解员工对绩效评估的看法，看看他们对公司有什么意见和建议。对于员工提出来的问题，公司应该详细地给予回复。需要注意的是，一些员工可能会对公司的考核结果和意见感到不满意，这个时候，可以向部门负责人和分管领导提出申诉，或者直接向总经理提出申诉，然后由他们做出最终的考核。对于最终的考核结果，员工应该表示理解，并坚决服从。

第四章

选择最适合的考核方法

KPI考核法

不同的企业拥有不同的发展情况，面临的内外部环境也不相同，因此在推动内部绩效考核的时候，需要按照自身的实际情况做出更合理的选择。绩效考核方法的类型比较多，比较常见的就是KPI（Key Performance Indicator）考核法。KPI就是企业关键绩效考核法，它的主要原理是将企业战略目标分解成为可操作性的各种战术目标，确保企业可以强化内部的绩效管理。

在很多时候，员工会被一些无价值的琐事所困扰，导致大量时间和精力被浪费掉，而KPI考核有助于引导员工关注公司的整体业绩指标，关注部门重要的工作以及自身的关键任务。这种考核方法可以有效避免主观考核与模糊考核，将资源集中到新产品和新市场上。在考核过程中，由于聚焦关键问题，工作者往往可以很快找到问题的症结所在，而且KPI能够构建一些难以量化的行为性指标，更合理地评估企业绩效。

一般来说，使用KPI考核法可以使用三种基本方式，即等级描述法、关键事件法以及确定里程碑法。

等级描述法是指对工作成果进行分级，使用明确的数据来界定各个级别，以此来评估考核者的工作完成情况。工作成果一般可以分为优秀、良好、一般、较差、不合格五个级别，也可以适当增减两个级别。

关键事件法是要求把握工作中的关键事件，制定扣分和加分标准，并以此作为业绩评估的考核方法。比如，企业在生产过程中会加强安全管控，尽可能减少安全事故的发生，这时通常会设定一些指标，包括没有发生任何事故、一般的事故、重大事故，这几个指标都属于关键事件。

确定里程碑法是针对任务的具体运行以及时间节点制定相应的里程碑，这种方法一般运用在项目考核中。一般情况下，考核者可以按照月度、季度、年度这样的时间点来考核，也可以按照阶段性成果展示进行考核。

企业可以根据自身的情况选择适合自己的某一种方式，或者也可以综合各种方式开展KPI考核，而无论采用哪一种方式的KPI考核，基本的流程都是相似的。

首先，确定业务重点。一般来说，企业需要明确自身发展的战略目标，然后在内部会议上商议业务的重点。一般可以通过鱼骨分析法来找出业务重点，借助鱼骨图形可以更直观地分析特定问题产生原因，以及这些问题、原因的逻辑层次。接着，运用头脑风暴法找出关键业务领域的关键绩效指标（KPI）。简单来说，就是弄清楚哪些关键因素会影响目标的实现，将其选为衡量指标并确立KPI，以此来确定企业的评价指标体系。

比如，一家公司发现最近的效益开始下滑，公司的发展速度比之前一年下降了25%，公司打算建立新的考核方式来强化内部的执行力。为了找出问题并及时解决，公司召开全体干部会议，一起分析效益下滑的原因。经过激烈的讨论，大家一致认为决定效益的因素主要有四个，即产品质量、技术水平、售后服务和归属感。

进一步分析发现，产品质量问题主要是残次品太多，合格率偏低；技术水平问题则在于研发水平不行，与同行存在技术代差，设备也比较老旧；售后服务问题主要体现为服务态度差，售后维修和保养不成体系；归属感问题更多地表现为员工工作不积极，不会为集体利益着想。找出问题之后，就可以针对性地提出解决问题的方法。然后，将关键问题、关键问题的分解以及解决问题的方法综合起来，通过鱼骨图展示出来。

[鱼骨图：效益下滑]
- 产品质量：合格率偏低、残次品太多
- 技术水平：研发水平不行、与同行存在技术代差、设备也比较老旧
- 售后服务：服务态度差、售后维修和保养不成体系
- 归属感：员工工作不积极、不会为集体利益着想

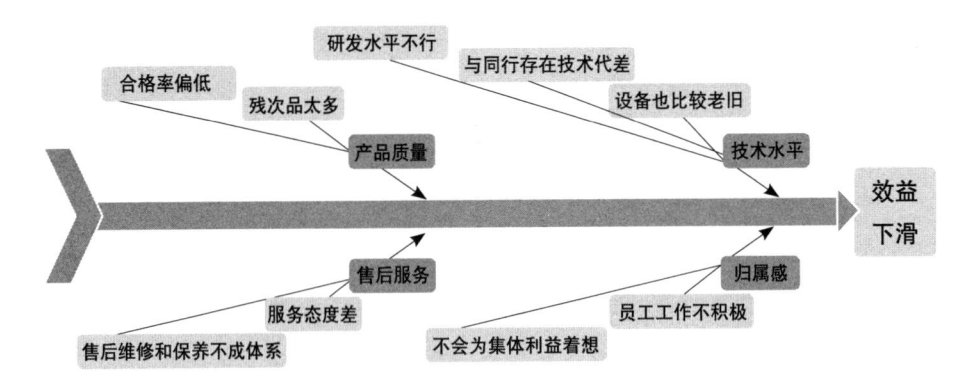

其次，将企业级KPI分解成为部门级KPI。各部门需要在企业级KPI的基础上分解出适合自己的部门级KPI，接着继续分解出与之相关的要素，找出驱动绩效提升的人、技术以及组织，然后确定实现目标的工作流程，并确定部门的评价指标体系。

再次，在部门级KPI基础上分解出个人KPI。一般情况下，各部门主管和该部门人员会进一步细分KPI，并确定各个职位的绩效衡量指标，以此作为员工考核的要素和依据。在整个过程中，可以让全体员工保持目标的一致性，并促进部门内部的绩效管理工作。

那么，该如何确定该指标是否可操作呢？具体需要把握以下几个要点：

- 了解指标的正式名称
- 指标的定义避免歧义
- 明确设立指标的原因是什么
- 给出围绕指标的相关说明
- 找到指标所需的相关数据
- 了解指标数据收集的难易程度和成本消耗
- 知道指标数据收集的负责人和收集的流程
- 掌握计算考核结果的主要公式
- 了解考核指标统计的周期

- 明确考核数据的审核者
- 明确指标的表达形式
- 设计合理的KPI考核权重
- 掌握量化绩效硬指标的方法
- 掌握维持KPI数据客观公正的方法

考核者一定要弄清楚上面的问题，否则考核工作将难以顺利展开。

当部门KPI分解成为个人KPI，并确定了关键绩效指标之后，就要设定评价标准。如果考核指标强调的是从哪些方面评估工作业绩，解决"评价什么"的问题，那么考核标准则强调被考核者需要在各个指标上达到什么水平，侧重于解决"被考核者应该怎样做以及做多少"的问题。

最后，审核关键绩效指标。通常会有多个审核者参与同一个绩效指标的评价，看看评价结果是否能形成统一，看看这些指标的总和是否可以用来解释被考核者80%以上的工作目标，并且还要跟踪和监控关键绩效指标，看看它们是否可以顺利操作。

在这个过程中，可以使用目标分解法，先确定企业的战略目标，然后将战略目标分解成部门目标，构建一个业务价值树决策分析，以及各项业务关键驱动因素分析。

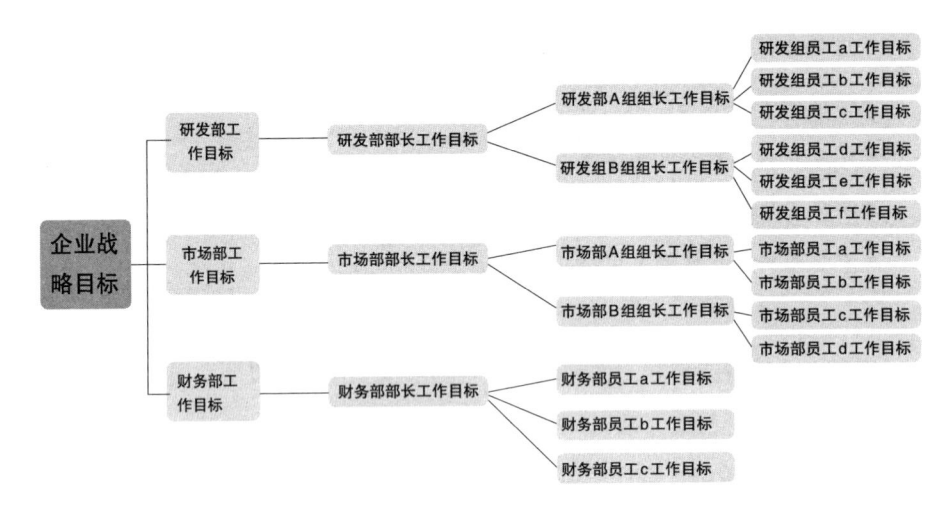

```
                                                              ┌─ 研发组员工a工作目标
                                          ┌─ 研发部A组组长工作目标 ─┼─ 研发组员工b工作目标
                                          │                    └─ 研发组员工c工作目标
              ┌─ 研发部工作目标 ─ 研发部部长工作目标 ─┤                    ┌─ 研发组员工d工作目标
              │                           └─ 研发组B组组长工作目标 ─┼─ 研发组员工e工作目标
              │                                                └─ 研发组员工f工作目标
              │                           ┌─ 市场部A组组长工作目标 ─┬─ 市场部员工a工作目标
 企业战略目标 ─┼─ 市场部工作目标 ─ 市场部部长工作目标 ─┤                    └─ 市场部员工b工作目标
              │                           └─ 市场部B组组长工作目标 ─┬─ 市场部员工c工作目标
              │                                                └─ 市场部员工d工作目标
              │                           ┌─ 财务部员工a工作目标
              └─ 财务部工作目标 ─ 财务部部长工作目标 ─┼─ 财务部员工b工作目标
                                          └─ 财务部员工c工作目标
```

需要注意的是，在某项业务的绩效考核过程中，每一个职位都可能或多或少地对这个考核过程产生影响。在进行考核的时候，考核者应该确保该职位的任职者具备控制该指标结果的能力，如果不能，那么这个指标就不能用作任职者的业绩衡量指标。

在推行绩效考核与薪酬激励管理制度或者解决方案的时候，往往需要制定相应的考核表单与薪酬表单。在进行绩效考核的时候，使用不同的考核方法就需要制定不同的考核表单。下表就是一个通用的KPI考核表单。

KPI考核表单

关键业务领域（KBA）	KBA权重	关键绩效指标（KPI）	KPI权重	指标定义	目标值	评价方法	评分规则	数据来源	实际完成情况	实际得分	
										自评	上级评价

(续表)

加权后分数										
绩效考核特别约定	
被考核员工确认	
考核成绩复核		考核成绩复核日期	

在这张表单中，关键业务领域是指被考核者负责的业务分布在哪些领域；所有KBA权重总和为100%，依据所负责领域的重要程度进行分解；针对关键绩效指标进行设定时，所负责领域细分的KPI考核指标，要抓住关键；KPI权重所有的细分权重之和为100%；考核指标需要精确定义，避免产生歧义；目标值可以是绝对值、相对值，也可以是复合指标；数据来源主要是指考核结果数据的出处，如来自某部门、某业务线，或者某主管；实际完成情况是指任务完成情况和进度；实际得分包括上级评分和自评。此外，绩效考核需要做出加减分的约定，需要明确考核依据约定、指标变更约定等内容。

在这个表单中评分规则是相对复杂的一个内容，考核者可以灵活运用各种不同的评分方法。常见的评分方法是目标递增或者递减法，具体的算法是约定完成目标值时得满分，在完成目标值的基础上，每次超过X时加1分，公司会设定一个上限；而每次减少X时减1分，直到扣完为止。

也可以使用绝对比例法进行评分，将实际值除以目标值，乘以目标分数。这种方法的缺点是考核不设置底线，导致业务缺乏牵引力。与之相对应的是相对比例法，这种方法会设置一个下限值，具体的分数＝（实际值－下限值）/（目标值－下限值）。

有的企业可以使用分段计算法进行评分，也就是设定底线值、目标值、挑战值，跌破底线值就为0分，突破挑战值的时候需要设定一个封顶分数，中间的分数在目标值上下波动时，可以按照比例评分。

等级评价法也是一种比较流行的评分方法，公司可以先设定优秀、良好、合格、比较差、非常差这样的等级，然后给不同的等级打分。员工的绩效考核表现位于什么等级，就给出什么分数。稍微简单点的评分方法是是非法，即完成工作任务的给1分，没有完成的得0分。

针对定性指标进行评分时，由于很难找到数据来打分，因此可以选择倒扣分法。也就是，反向收集那些负面信息，只要发现一种负面行为，就在目标值上扣1分。

此外，还可以使用排序法（按照具体的排列顺序打分）、分类法（每一种类型对应一种分数）或者加分法（正向激励措施）。

360度考核法

在传统的考核模式中，上级领导往往扮演考核者的角色，他们直接负责对下属员工进行考核。这种考核可能会存在较大的约束力，但往往过于片面，员工的很多工作或许会被上级领导忽视，而且上级可能会因为自己与员工的亲疏关系而做出不公正的评判，从而影响最终的考核结果。相比之下，如果可以从更多的维度和角度来考核和评估员工的真实绩效，那么无疑会显得更加公正、客观，而360度考核法正好具备这样的优势。除了上级领导之外，与被考核者相关的同事、下属、合作伙伴、客户以及其他人，都可以扮演评价者的角色，这个方法也因此被称作全方位考核法。

360度考核法是英特尔公司最先发明和使用的，它的理论基础是心理测量学中的真分数理论。这个理论中有一个最基本的关系式：$X=T+e$，其中X为实得分，T是真分数，而e则表示误差分数。

在使用这个理论进行绩效考核时，只要通过不同层次、不同角度对被考核者进行评价，那么多次测量出来的误差分数就会越来越小，这也就意味着实得分会不断接近真分数。从这个角度来说，360度考核法是一个相对客观且科学的考核方法，可以有效提升企业的考核力度与考核的精度。

在实施360度考核法的时候，需要遵守下面几个步骤。

第一步，做好考核项目的设计工作。在使用这个考核方法之前，一般需要进行需求分析和可行性研究。在确定使用这个方法考核绩效后，需要按照职位胜任的情况编制一份考核问卷，也就是所谓的自定义问卷。一般来说，考核者与被考核者需要在考核标准上达成共识。

第二步，做好考核者的培训工作。大家需要认真筛选人才，选择自己认可且能够胜任考核任务的高素质人才。考核者的人才来源有两种，一种是上级直接指定自己认同的人担任考核者的角色，另一种是被考核者主动选择自己相信的人来负责考核工作。被选中的考核者通常需要接受专业的训练，具体的培训内容包括向他人提供考核与反馈的方法。

第三步，正式实施360度考核法。员工针对自己的工作情况填写工作自评，考核者根据被考核者的自评分数和实际的工作状态进行打分，公司收集考核结果并做出初步分析。

这里包含了几个基本环节。

首先，在具体实施过程中，必须加强监控和质量管理，从调查问卷的开封、发放、宣读，到最后的解答、收卷、密封工作，必须严格按照要求进行。

其次，把握好考核过程之后，着手统计考核信息和结果报告。可以运用相应的软件来绘制图表，计算和呈现具体的评分，从而形成完整的报告结果。

再次，加强对被考核者的培训，可以借助讲座和单独辅导等方式，推动被考核者对考核目的、考核方法产生认同，让被考核者意识到这个考核方法有助于改进自己的工作绩效，也能够帮助自己提高工作能力。

从次，针对考核中发现的问题制订行动计划。为了保持考核的客观性，通常会让企业其他部门协助人力资源部门制订该计划。人力资源部门会独立负责信息处理和结果报告的工作，提供通用的解决方案以及发展计划指南，将一些不合理的考核制度进行修正。不过，考虑到各个企业的内部情况有所不同，企业的发展战略又与员工的工作息息相关，必须让内外部专家共同参与到考核过程中，因此企业的人力资源管理部门仍旧要扮演主导者角色。

最后，面谈。考核者要确定面谈的对象，然后向其反馈考核结果，并帮助对方进行职业生涯规划。

完成面谈工作后，还要确定来自不同人员的考核是否合理。比如，检查信息收集过程是否符合考核要求，还需要评估不同信息来源造成的考核结果的差异。在确定合理性之后，开始进入考核应用结果这一步，即从客观角度考核这种方法的效果，总结考核经验，找出不足之处，为下一次考核积累更多的经验，并完善考核系统。

　　使用这个考核方法，可以给出被考核者更全面的评价。被考核者自评模式虽然可以增强绩效考核的参与意识，而且可以让员工对自己的工作有更加清晰的认识，但同样存在主观评价的弊端，很多自评者为了得到更高的分数，会不切实际地拔高自己。直属领导的评价能够有效保证考核工作的推进，但领导可能会因为利益划分以及亲疏关系，做出不公正、不客观的评价。同事的评价相对比较独立，而且视角更加丰富，但私人关系的远近和内部利益纠葛都可能导致评价不客观。下属的评价或许更接近事实真相，但是为了避免给被考核者留下不好的印象，他们也许会罔顾真相，做出不客观的评价。客户与合作伙伴的评价会更加客观一些，但对被考核者不熟悉、评价标准的不同，以及利益上的来往，也会影响最终的评价结果。一些协助性机构的外部专家或许更加专业，更加公正客观，但会增加考核成本，而且会浪费考核的时间。

　　只有将内外部考核全部综合起来，才可以更好地保证考核的公正性与客观性。需要注意的是，想要保证360度考核法可以顺利实施，需要满足一些基本条件。首先，要保证考核者和被考核者都是高素质人才，要明确被考核者的岗位职责；其次，内部沟通必须充分且高效，组织内的成员相互信任，员工的素质普遍较高；最后，考核材料要充分且严谨，考核程序的设计要科学公平。下面是360度考核表单。

360度考核表单

姓　　名		职　　位	
评分标准	优秀—5，良好—4，中等—3，合格—2，不合格—1		
上　级 考　核 （权重0.4）	业务推进水平		
	方案执行水平		
	洞察创新水平		
	表达沟通水平		
同　级 考　核 （权重0.3）	团队协作水平		
	创造良好工作氛围水平		
	业务水平		
下　级 考　核 （权重0.2）	驾驭全局水平		
	筹划决断水平		
	提升工程成员水平		
客　户 考　核 （权重0.05）	服务态度		
	服务质量		
	交流水平		
自　我 考　核 （权重0.05）			
总　　分			

这份考核表单比较简单，一些考核表单还会详细标注员工的考核指标，诸如工作态度、个人素质、工作能力、专业知识，还包括工作目标达成情况、工作效率、工作成本控制优势、工作表现综合评价，以及劣势项目分析、项目的建议和训练、工作预期等内容。需要注意的是，不同的企业会制定不同的考核模式，包括等级的划分不同、考核指标不同、指标的权重不同、考核者的评分权重不同。企业需要按照自身的考核情况制定适合自己的考核表单。

平衡计分卡考核

许多绩效考核方式更加倾向于战略制定，相关的流程也是为了战略制定而服务的，这就导致战略落实和战略执行容易被人忽视掉，出现执行力不足或者战略制定与战略执行相脱节的尴尬情况。为了推动企业战略落实到具体可操作性的行动当中，企业需要构建相应的考核方式，将战略目标转化成可以操作的衡量指标和目标值，而平衡计分卡就是一种比较新颖的绩效考核方式，非常适合战略的落实。

一般来说，每一种绩效考核方法都有自己的体系，都会选择从不同的角度进行考核，平衡计分卡从财务、客户、内部运营、学习与成长四个维度落实绩效考核。其中，财务重点在于向客户展示自己的实力，客户方面主要关注市场对产品质量和服务的满意度，内部运营强调经营效率，学习与成长侧重于内部的培训机制。这四个维度紧密关联，员工的能力与成长决定产品质量，产品质量影响销量与客户满意度，客户满意度又最终影响企业财务状况与市场销量。

在采用平衡计分卡进行考核的时候，可以从四个维度中制定重点的考核指标。财务方面可以重点选择净资产利润率、销售收入、净现金流量作为考核指标。客户方面则以客户满意度、产品质量投诉次数、验收合格率为考核指标。内部运营则强调管理制度规范性、流程执行效果这两个考核指标。学习与成长倾向于将关键人才培养计划完成率、内外部培训落实率作为考核指标。

在明确各个维度的考核指标之后，就可以按照具体的流程实施考核方案。

第一，确定企业的发展战略。这样做可以促使各个部门制定更加具体的绩效衡量指标以及相应的部门级战略。企业组织成立平衡计分卡小组，负责解释企业战略和愿景，同时建立财务、客户、内部运营、学习与成长四个维度的具体目标。

第二，建立绩效指标体系。具体来说，就是依据企业战略和长远期发展需求，为四个维度寻找业绩衡量指标。在设计指标时，应该坚持自上而下，由内到外的过程，彼此之间进行交流，咨询更多的建议和意见，确保指标体系的平衡，并全面反映企业的战略目标。

第三，做好绩效指标内部沟通工作。可以通过会议、内部刊物、发布公告以及面谈等方式向所有管理人员告知企业的战略、愿景以及绩效衡量指标。

第四，确定绩效衡量指标的具体数据。为了确保发展计划与内部预算紧密结合，企业一般需要清晰地了解每个月、每个季度、每一年度绩效衡量指标的具体数据，并了解各类指标之间的关联性。

第五，完善绩效指标体系。在确定衡量指标的具体数据之后，应该审核平衡计分卡的设计是否科学合理，是否能够如实反映企业的实际情况。而且，针对不足之处，应该增加新的测评指标，对不合理的地方则要及时进行改正和完善，在反复的改善和提升中，确保平衡计分卡可以更好地为企业战略目标服务。

在实施平衡计分卡方面，可口可乐瑞典饮料公司堪称典范，它在实施该考核方法的时候重点把握了三个步骤。

首先，公司明确了能够推动战略计划落实的财务措施，又以此为基础设定了公司内部的财务目标，并为实现这一财务目标而采取具体行动。

其次，公司不断在客户面前重复"明确财务措施——设定财务目标——具体行动"的过程，以此来了解客户的看法。为此，公司不断强调这样一个基本问题：如果打算完成财务目标，客户必须怎样看待？

最后，公司明确价值输出所需的内部过程，管理层反问自己是否具备足够的创新意识，是否愿意尝试合适的发展和变革方式。一般情况下，公司会反复实施这些不同的步骤，确保所有的参数和行动能够在同一个方向上，从而实现各方的平衡。

可口可乐瑞典饮料公司通过与个人职责相关联的目标来考核绩效，依据员工在相关指标上的得分及时给予奖励，从而有效保证公司可以聚焦战略计划。

总之，平衡计分卡是一种有效的考核方式。对财务、客户、内部运营、学习与成长这四个维度进行考核的方式，改变了传统的财务会计模式只能衡量过去发生的事项，但无法评估企业前瞻性投资的缺点；打造了一套能够融合财务目标与实现目标绩效因素的法则，并兼顾了成长性，确保了内外部群体的平衡；还实现了未来战略与管理现状的平衡，使得部门执行策略与企业战略紧密结合。

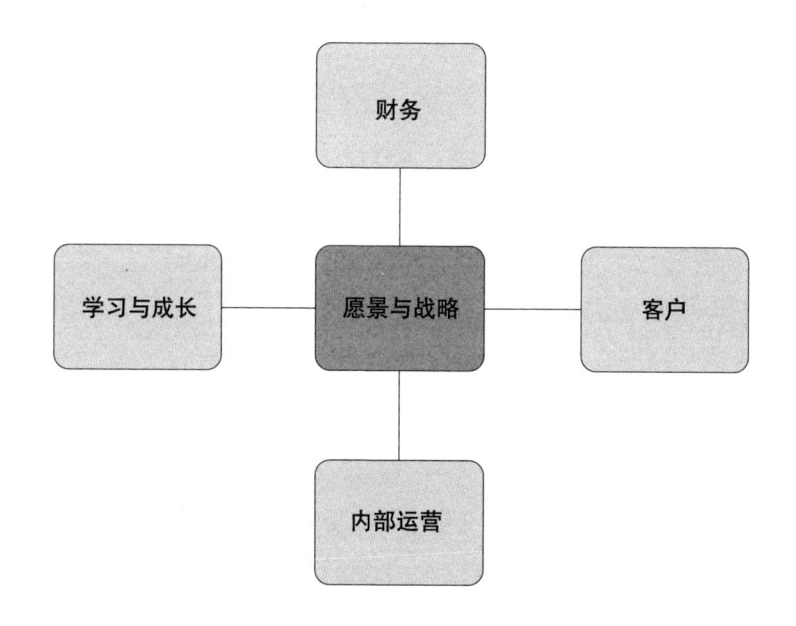

这种考核方式主要通过图、卡、表等形式来实现战略的规划，像战略地图、平衡计分卡以及个人计分卡、指标卡、行动方案、绩效考核量表，都可以表现出抽象的部门职责、工作任务与承接关系，而且内容展示完全做到了层次分明、量化清晰、简单明了，有效保证了战略执行与战略制定的完美结合。

　　需要注意的是，平衡计分卡往往只关注关键绩效指标（经常与KPI联合起来使用），很容易让被考核者产生其他非关键绩效指标不重要的错觉，直接导致很多不重要的工作无人关注，或者员工会认为自己即便做了那些非关键指标工作也得不到公司认同，无法获取相应的报酬。因此，公司需要完善内部的企业文化建设，帮助员工树立正确的价值观，强化员工的使命感，让员工为实现企业战略目标而努力。

等级评定法

在谈到绩效考核的时候，许多企业都会担心由于绩效考核方法过于复杂而导致考核不准确，甚至出现内部抵制考核的情况。那些管理体系不那么完善的企业，经常出现这样的情况。因此，企业需要制定更容易操作的绩效评估方法，而等级评定法就可以很好地扮演这样的考核角色，它也是运用较为普遍的一种考核方式。

所谓等级评定法，顾名思义就是划分好等级，并对各个等级做好定义，然后按照等级对评价要素或者绩效考核指标进行评估，给出一个最终的评价。等级评定法最重要的流程就是划分等级，而等级的划分方式往往比较灵活多样，企业可以按照自己的实际需求做出合理的选择。

如果想要让考核更加细化一些，那么可以选择五等级法，划分为优秀、良好、中等、及格、不及格；或者使用四等级法，划分为高级、A级、B级、C级。如果有的人希望考核等级更加简化一些，可以按照三等级法进行划分，分为高级、中级、初级；或者按照二等级法划分，分为合格与不合格。

不同的等级划分适用于不同的绩效考核指标，比如在考核产品质量时，可以选择合格与不合格这样的二等级法，这样的划分简单直接，只要制定合格的标准是什么，就能够对产品质量进行严格把关，推动生产人员完善工作细节，提升产品的合格率。如果是对员工的具体工作表现进行考核，可以选择划分为优秀、良好、中等、及格、不及格这样五个等级。比如，某公司在使用等级评定法进行绩效考核时，针对员工的销售额，可以按照具体的数据进行评定，那些销售额超出规定额度50%的员工可以被评价为优秀，超出规定额度30%的员工被评为良好，超出额度5%~10%的员工评为中等，刚好达到规定额度的员工被评为及格，而没有完成规定销售额的人就属于不及格，评价时的分数会更低。

对员工工作模式的考核可以分为高级、中级和初级，很多跨国公司在考核员工的工作状态、工作能力与工作模式时，会针对具体的表现设定不同的级别。其中，初级员工只会跟着领导完成任务，这部分员工缺乏自主意识，总是被动执行工作，而且没有担当重任和独立完成任务的决心，他们的成长空间很小。中级员工能够独立完成领导下达的任务，他们会认真对待上级下达的指令，然后依据个人的力量完成任务，但他们同样没有逃脱被动执行任务的束缚。高级员工则可以与管理层进行交流，制订自己的工作计划并独立完成，他们永远不会等到上级下达指令才完成任务，而是充分发挥主人翁意识，为实现企业战略目标而担负起自己的职责。这种高级、中级、初级的划分往往可以更好地推动员工的分层，让公司更直观地了解员工的能力。

企业在使用这种考核方式时，针对不同的考核要素和绩效考核指标，可以选择不同的方式进行评价，将相关的评定方式结合起来。需要注意的是，等级评定法需要建立在多次观察的基础上来应用，仅仅通过一次的接触和观察是难以真正做好等级划分，或者明确考核指标所对应的等级的。

在考核的时候，做到整体评定与分项评定的有机结合，简单来说就是对其中某一个指标和工作环节的考核评定要与整体的考核评定结合起来考量，避免因为单一考核指标的评定而影响整体的评分。

不仅如此，等级评定法非常适合在两个及其以上的评定者之间进行评分，可以将评定者的分数进行综合处理，确保评定不会过于主观化。比如有的人给出的评分是7分，有的人给出的评分是5分，有的人给出的评分是6分，那么经过综合评定，可以给出一个接近6分的分数，这样的分数相对而言是比较公正的。

最后，在考核的过程中，一定要尊重客观事实，不要因为个人的私心而给予过高的评分或者过低的评分，这样一方面会打破内部的平衡，另一方面也会影响评分的公正性。当然，评分不要过高或者过低，并不意味着就要给对方一个中间值，最好还是秉着公正客观的态度给对方评分。

使用等级评定法时，一定要确保等级划分之间层次分明。在界定等级划分标准时，可以让管理者一同参与讨论和商议，确保等级划分具有说服力。

等级评定法简单易操作、适应性非常强，培训时很容易且成本很小，但它也存在很多不足和缺陷。比如，评价人员可能会偏向主观判断，评价时不够客观，加上评价者缺乏足够强有力的证据来支撑自己的结论，一旦员工对评价结果提出异议，向上反馈的效果并不理想，来自公司的指导也会存在很大的不足之处。正是因为如此，这个方法在奖金分配方面很难发挥作用。一般来说，等级评定法不适用那些较为复杂的组织结构，它可以和其他考核方法结合起来使用，或者在某些部门和环节的考核上得到使用。

其他考核方式

前几节讲述的KPI考核法、360度考核法、平衡计分考核法、等级评定法都是比较常用的考核方法，在现代企业的管理中发挥着重要的作用。除了这些考核方法之外，还有一些较为简单且适合小范围运用的考核方法。

—— 序列比较法

序列比较法是按员工工作业绩好坏进行排序考核的一种方法。在考核之前，要先明确考核的模块，而对于要达到什么样的工作标准则没有必要得到明确。将相同职务的所有员工集中起来，放在同一考核模块中进行比较，并且根据他们具体的工作状况由高到低排列顺序，其中工作表现较好的员工排在前面，工作表现较差的员工排在后面。员工通常需要在好几个不同的模块中进行排序，而考核时需要将员工在不同考核模块中的排序进行相加，最终的总分就是该员工的考核结果。一般来说，总数越小，绩效的考核成绩越好。

假设某位员工在公司中参加了各个模块的考核。在日常考评方面，由于该员工出勤率比较高，工作态度积极认真，且能够完成上级交代的任务，每个月的工作产量和工作质量也不错，排名第10位。在年度考评和季度考评这一类定期考评中，他的成绩也非常不错，排名11位。该员工的自我考评排在第13位，上级主管考评排名12位，同事的考评也排名13位。那么，该员工在公司或部门内部的考核分数就是10+11+13+12+13=59。

另一位员工在这些考核模块中的分数分别是13+15+14+15+16=73。相比之下，第一位员工的分数更低一些，绩效考核的成绩更好。

考虑到公司中参与考核的人数比较多，在具体实施的时候，尤其是整理排名的时候，可能会比较复杂，甚至陷入混乱之中。为此可以选择运用图表来展示相关的数据，比如下面这张表格就涉及了多人多模块的考核。

指标A的考核

姓名	排序
员工A	1
员工B	2
员工C	3
员工D	4
员工E	5
员工F	6
员工G	7
员工H	8
员工I	9

指标B的考核

姓名	排序
员工A	1
员工F	2
员工H	3
员工E	4
员工C	5
员工G	6
员工I	7
员工B	8
员工D	9

指标C的考核

姓名	排序
员工B	1
员工F	2
员工I	3
员工G	4
员工E	5
员工H	6
员工A	7
员工D	8
员工C	9

指标D的考核

姓名	排序
员工C	1
员工H	2
员工A	3
员工B	4
员工I	5
员工F	6
员工D	7
员工G	8
员工E	9

绩效最终结果排序

姓名	排序
员工A	1（1+1+7+3=12）
员工B	2（2+8+1+4=15）
员工F	3（6+2+2+6=16）
员工C	4（3+5+9+1=18）
员工H	5（8+3+6+2=19）
员工E	6（5+4+5+9=23）
员工I	7（9+7+3+5=24）
员工G	8（7+6+4+8=25）
员工D	9（4+9+8+7=28）

列出表格可以让绩效考核更加直观。考核者可以清楚地了解每一个被考核者的整体工作表现，以及在不同衡量指标上的表现，这样就可以针对性地进行指导，帮助他们扬长避短，在优势项目上进一步得到提升，在薄弱环节进行改进和完善。

序列考核法总体上来说比较公正和全面，只要在各个指标和模块上的排序更加公正合理，基本上可以反映员工的真实绩效。不过，序列考核法存在一个问题，那就是必须构建明确的工作标准，而且要注意对关键绩效进行考核。比如一些员工的整体排序可能并不理想，但在某些关键指标上的表现非常出色，这个时候就不能片面地按照总体排序来定义员工的能力并给予相应的奖励了，而应该依据他在某一关键绩效上的表现以及对公司的整体贡献来作出评价。

—— 相对比较法

相对比较法是将需要进行评价的员工放在一起，采用两两比较的方式，确保任何两位员工都必须进行一次比较。比较之后需要对员工进行打分，表现更好的那名员工记"1"分，表现相对较差的员工记"0"分。每次与不同的员工进行比较后，都会获得一个分数，当所有的员工比较完之后，将每个人的得分进行相加，总分越高的人，绩效考核的成绩也就越好。

比如，某公司部门参与评价的员工有A、B、C、D四个人，在使用相对比较法的时候，可以任意选择两个人进行比较。其中，A与B相比，A表现更好；A与C相比，A表现更好，A与D比较时，D的表现更好。D与B相比较，D表现更好；D与C相比，D表现也更好。B与C相比，C的表现更好。

经过一轮比较，A的得分是1+1+0=2；B的得分是0+0+0=0；C的得分是0+1+0=1；D的得分是1+1+1=3。经过计算，就可以明确地得出一个答案：D的总分更高，表现也更好。

相对比较法是比较简单的考核方法，它适用于一些组织结构比较简单、成员数量较少的团队。一旦人数太多且组织机构相对复杂，整个考核工作就会变得更加复杂和困难，而且也容易陷入主观主义的错误当中。更重要的一点，相对比较法侧重于比较，但以什么标准进行比较，这些标准包含了几个项目指标，大家是否按照同样的标准进行比较，还需要进一步得到明确。"A与B按照工作量进行对比，A与C则按照工作质量进行对比"，应该尽量避免类似这样的情况。

—— 强制比例法

强制比例法是指考核者列出所有被考核者的业绩，然后按照具体的业绩进行划分，一般可以划分成最好、较好、中等、较差、最差几个类型，也可以划分成其他几个等级。

比如，公司有100个人参与绩效考核，公司会将所有人的考核成绩梳理出来，按照比例划分出不同的等级和类型，其中5%的人属于表现最好的员工，20%的人属于较好的员工，40%的人属于表现中等的员工，25%属于较差的员工，10%属于最差的员工。通过强制划分比例，可以更直观地进行薪酬激励管理。

强制比例法相对而言比较粗糙，因为具体的比例是考核者主观设计的，可能在不同的场合下，或者面对不同的人，各个等级所占的比例会出现不同的变化，这样会使得整个考核丧失公平性。

以上三种考核方法，更多地适用于小企业或者人数较少的团队，项目相对简单、流程也比较短。对于大企业以及一些复杂的考核团队，这三种考核方法并不适用，往往需要配合KPI考核法、平衡计分卡、360度考核法等一起使用。

第五章

设计合理的薪酬激励体系

做好薪酬管理工作

薪酬管理是企业管理中的重要内容，因为薪酬直接关系员工的切身利益。员工是企业中最重要的生产要素，如果无法做好薪酬管理工作，或者无法满足员工的薪酬需求，就会影响员工的工作积极性，甚至导致员工离职。

薪酬管理工作至关重要，而且往往需要兼顾合法性、公平性、有效性三个基本原则。薪酬管理很容易受到各种因素的影响，像企业薪酬策略、企业经济发展水平和经济承受能力、行业环境变化等诸多因素，都可能会影响薪酬管理。

想要做好薪酬管理工作，首先就要了解薪酬的范畴，即什么是薪酬。从狭义概念来说，薪酬就是员工获得的以金钱或者实物为报酬的物质奖励，一般分为工资和福利。其中，工资分为基本工资、奖励工资和津贴；福利包括法定福利和企业福利。广义的薪酬既包括经济性的奖励，也包括那些难以用货币单位衡量的奖励，如晋升职位、参与决策、设置更具挑战性的工作、来自企业的认可、获得更好的成长机会和成长平台、给予能够证明社会地位的头衔、营造良好的工作氛围、提供交朋友的机会等。也就是说，广义的薪酬包含了各种经济性与非经济性的激励措施。

企业的薪酬管理都是从狭义的角度来实施薪酬管理工作的，而狭义的薪酬管理工作包括薪酬战略管理、薪酬目标管理、薪酬水平管理、薪酬模式管理、薪酬结构管理、薪酬制度管理。

——薪酬战略管理强调企业对岗位实行什么样的战略，是保持领先，还是被动跟随和居后，或者选择差异化的战略。

比如，一家处在高速扩张和发展阶段的公司，往往会制定领先型薪酬战略。这一时期的企业对于人才的吸引力很大，愿意用高薪吸引人才，员工对企业的满意度比较高，忠诚度也比较高。在业内具有竞争力的企业，更多地选择稳定发展的策略，追求发展与人力成本的平衡，通常会提高薪酬调查的频率，这是典型的跟随型战略。那些处于发展初级阶段的企业，由于竞争力不强，企业的实力也比较弱，无法提供更多的资金来满足员工的需求，因此运营成本会得到严格控制，人才流失比较多。这类企业会制定居后型战略，避免企业陷入经济危机。在业内具备某些竞争优势的中小企业，往往会制定差异化战略，确保薪酬可以向骨干和精英成员倾斜。通常情况下，企业内部的精英会拿到80%的薪酬，不过这类企业的市场战略往往不够清晰，需要及时调整。

——薪酬目标管理强调薪酬管理符合战略发展需求的同时，也要满足员工的薪资需求。

具体来说，一家公司在制定薪酬制度的时候，会严格按照战略需求来设计和落实制度，确保薪酬的结构、薪酬的水平、薪酬模式有助于企业战略目标的实现。不仅如此，薪酬的设计必须满足员工的基本需求，如果员工对薪酬制度不满意，那么相应的制度就难以得到落实，或者在落实的过程中容易产生负面影响。

——薪酬水平管理一般强调内外部的薪酬平衡，具体的薪酬水平需要企业按照绩效考核表现、岗位标准、行业标准进行调整，并统一规范薪酬职级。

企业在设计薪酬的时候，会主动进行市场调研，了解市场上的行情，了解其他同类型同级别企业的薪资水准。与此同时，企业还需要依据内部具体的绩效考核成绩与等级划分，为每一位员工合理发放薪资。实现内部公平与外部公平在薪酬管理中非常重要，一旦处理不当，就可能会破坏整个团队的协作氛围。

——薪酬模式管理是指企业是按照工龄发放薪资，还是按照绩效、技能、岗位、复合型能效等因素发放薪资。

简单来说，岗位级别更高的员工，往往薪资更高。企业会按照岗位的级别划分薪资等级，这是基于岗位的薪酬模式；那些工龄更长、工作经验更丰富的员工，通常会比新员工得到更高的薪水，这是基于工龄的薪酬模式；技能更加出众的员工，对企业的贡献更大，也必定更容易获得更高的报酬，这是基于技能的薪酬模式；那些市场上稀缺的人才往往更受欢迎，工资也更高，而市场上同类型的人很多时，工资自然也就难以上涨，这是基于市场的薪酬模式。企业的薪酬体系不是按照某一种模式来设定的，而是不同模式的综合体。也就是说，企业的薪酬模式会按照绩效、技能、岗位、复合型能效多重因素进行考量。比如，老员工如果工作技能不过关，未必就会比新员工拿到更高的薪水；管理人员的基本薪资或许比销售员更高，但是能力出众的销售员，可以依靠出色的销量来赢得更高的提成和奖金。薪酬模式管理往往会综合考虑各种因素，确保考核的客观与公平。

——薪酬结构管理是指明确薪资的组成方式。

比如基本工资＋提成，基本工资＋奖金，基本工资＋奖金＋股权。不同的企业往往会有不同的薪资结构，企业应该按照自身发展的特点与战略规划来设定合理的薪酬结构。有的初创企业缺乏资金，不太可能利用高工资来吸引人才，这个时候就可以想办法出售股权，通过这种方式从员工手上融资，同时吸引更多的人才加入进来。有的企业资金雄厚，可以选择高固定工资＋高奖金的结构。一些具有集体主义性质的企业，虽然基本工资不高，但是会以高福利来吸引人才。而那些服务型企业，基本都是低基本工资＋高提成的模式。没有一种薪酬结构是完全合理或者完美的，企业在设定薪酬结构时，必须贴合自身的管理需求，必须贴合自身的发展模式，选择适合自己的薪酬结构，才能真正发挥激励的作用。

——薪酬制度管理一般是指企业制定相应的管理制度，明确薪酬的标准。企业需要制定《薪酬职级表》，做好薪酬预算、审计、控制的工作。薪酬制度管理是一项系统性的工作，主要针对制度的设计、实施以及调整。

企业从以上几个方面入手，便可以更加全面地落实薪酬管理工作，充分发挥薪酬管理的激励作用。

明确薪酬体系设计的流程

谈到薪酬体系设计,很多人会认为薪酬设计就是制定薪酬制度、计算工资,或者调整薪资。其实,合理的薪酬体系设计拥有一套严谨的流程,薪酬体系的设计并不是依据管理层的个人意愿,也不是单纯的模仿和复制,它往往要贴合企业战略需求,整体的设计要从战略层面、制度层面以及操作层面来考量。

接下来,便讲解薪酬设计的基本流程。

一、确定目标

在着手进行薪酬体系设计之前,企业需要先考虑做薪酬体系设计的目的,以及设计最终要呈现出什么样的效果,只有先明确目标,才能够更好地设计追求目标的路径。很多公司往往没有一个明确的薪酬标准,大都是老板按照自己的主观判断来发放薪资,一些初创公司往往更是如此。随着公司的壮大,这种粗糙的设计就会引发公平争议,而且成本控制的缺乏也会导致内部财务出现问题。一般来说,这类公司需要及时进行调整,制定一个明确的目标,为后面的设计路径铺路。

比如,很多企业在设计薪酬体系时,期待着员工可以与公司共同成长,让公司的薪酬激励与员工的工作需求完美结合起来,因此公司会制定高薪制度,制定股权分配制度,确保员工的发展和公司的发展有机结合起来。

二、岗位分析与薪酬调研

岗位分析与薪酬调研是人力资源工作中的基础性工作，薪酬体系设计的过程中，离不开岗位分析和薪酬调研。其中，岗位分析主要是针对企业各类岗位的性质、任务、职责、劳动条件和环境进行分析，同时对员工承担本岗位任务应该具备的条件进行系统性研究，然后在分析和研究的基础上制定岗位规范以及工作说明书。企业一般会通过访谈法、工作日志法、观察法和关键事件法进行岗位分析。

薪酬调研则分为内部调研和外部调研，企业在开展调研工作的时候，会同时在这两个方向上进行调研。其中，内部研究主要调查薪酬满意度，弄清楚员工对薪酬福利结构、薪酬水平的看法，弄清楚他们的薪酬期望值是多少。外部研究则侧重于对市场薪酬水平进行调研，弄清楚同行以及其他行业同样岗位的薪资结构和水平。可以通过网站上的薪酬数据和统计报告进行分析，也可以直接向同行打听，然后以此为依据制定更合理的薪酬体系。

一般情况下，企业会将内部调研与外部调研的结果综合起来，对内外部的薪酬有一个直观的了解，然后针对性地做出薪酬体系设计的计划，在薪资内容、薪资结构、薪资水平等方面做出初步的构思。

三、根据公司战略制定薪酬策略

在做好岗位分析和薪酬调研之后，并不意味着可以按照员工的想法和期望值设计薪酬体系，也并不意味着可以模仿其他同行的薪酬体系来设计本公司的薪酬体系，由于薪酬体系是为企业战略服务的，因此整个设计从一开始就要根据战略来进行。企业可以以绩效为导向设计相应的薪酬结构，也可以按照企业经营状况来设计薪酬体系，或者以能力为导向和以岗位为导向来设计相应的薪酬结构。最后，企业还可以综合考虑企业效益与成本的投入，决定采取何种薪酬策略。

比如，某企业生产部的管理者打算设计部门内的薪酬体系。管理者最初的设想是，给部门内的基层员工开出7000元的月薪，可是经过调查，发现市场上同类型公司生产部的员工月薪达到了10000元。在设计部门内薪酬体系的时候，管理者通常不会直接模仿同行的薪资水准，将基层员工的薪资开到月薪10000元，而是适当提升基层员工的月薪，将其设置为8500元。或许生产部的不少员工会质疑，认为管理者在擅自克扣工资，但管理者也有自己的理由：同行企业的生产部员工技术实力更强一些，而且他们还能够接受加班，此外，同行企业的效益更高，薪资水平自然也会更高。

总之，企业或者部门应该综合内外部的薪酬水平以及自身发展的情况，制定适合自己的薪酬策略。

四、设计岗位体系

制定合理的薪酬设计策略之后，便可以按照岗位分析结果，对企业岗位进行分类（按照岗位性质分类），并按照岗位评价来划分等级。不同的岗位往往薪资不同，甚至薪资结构也不一样，就像做销售的基层岗位和从事管理的经理职位，两者的薪资水平明显是不同的。薪资等级不一样，薪资结构也会天差地别，基层销售岗位上的员工也许只能拿到基本工资和提成，而经理职位的管理者除了获得基本工资、提成、奖金，还能享受股权和各种福利。岗位的不同会决定薪酬的不同，因此在设计薪酬体系的时候，需要对岗位进行合理设计，明确划分岗位性质和等级，为薪酬体系的层次性设计做一个铺垫。

五、设计薪酬结构

在完成上述步骤后，企业就可以着手研究设计薪酬结构。比如，企业可以设计固定薪酬，它一般包括基本工资、岗位工资等，可以为员工提供基本生活保障，体现岗位的基本价值。这类工资不应设计太高，也不能设计太低，工资太高会让员工在安逸的状态中丧失斗志，工资太低又会对员工缺乏吸引力。

企业还可以设计浮动薪酬，像绩效奖金、销售提成、年终奖、公司分红都属于浮动薪酬的类型，它们一般按照绩效考核结果来结算，基本上遵循多劳多得的原则。

企业还应该设计福利类薪酬，包括国家强制要求的五险一金，企业自愿为员工提供的食宿、过节费用、油费、通话费、公费旅游、购物卡等。在工资差不多的前提下，福利更好的企业往往更容易吸引员工的关注。

薪酬结构一般包括这样几个类型：低固定薪酬＋高浮动薪酬；高固定薪酬＋低浮动薪酬；高固定薪酬＋高浮动薪酬；高固定薪酬＋低浮动薪酬＋高福利薪酬；低固定薪酬＋低浮动薪酬＋高福利薪酬。

总之，企业在设计薪酬体系或者调整薪酬体系的时候，需要按照上面几个步骤进行，如果按照个人的主观意愿盲目设计，可能就会影响薪酬体系的合理性。

构建更加高效合理的薪酬体系

了解华为公司的人都知道，华为公司内部有一个著名的七级工资制度。其中，一级工资指的就是固定底薪。拿一级工资的员工大部分都在公司内部混日子，他们只能完成最基本的工作任务，并不能为公司做出更大的贡献，也丝毫不关心企业的发展。

二级工资是指底薪加上提成。这类员工会主动超额完成任务，他们关心自己和公司的业绩，并意识到这些业绩能够给自己带来的薪酬奖励。多数情况下，他们是合格的执行者，愿意为公司创造更多的价值。

三级工资强调的是底薪＋提成＋绩效＋团队提成。这类人一般是团队的管理者，他们愿意为这个团队的发展负责，能够激励团队成员去奋斗，他们可以将自己的工作做得很出色，而且愿意培养新人。

四级工资是指底薪＋提成＋绩效＋团队提成＋部门分红。这类人属于公司的总监，他们对自身的团队拥有很深厚的感情，而且拥有明确的个人发展目标和团队发展目标，能够站在部门的发展角度来思考问题，制定部门内的发展规划，并且在内部推行个人绩效考核与部门绩效考核。

五级工资是指底薪＋提成＋绩效＋团队提成＋部门分红＋公司分红。拿到五级工资的人属于公司内部的高管，这类人紧盯公司目标，始终以公司发展目标为先，他们会制定严格的目标管理制度，并懂得如何将目标进行有效的分解，下沉到各个部门以及具体的工作岗位上。

六级工资指的是底薪+提成+绩效+团队提成+部门分红+公司分红+超产奖。这类工资往往在公司高速发展期出现，为了推动公司走上高速发展的道路，管理者会不断激励员工发力，会提醒他们以公司发展的目标为奋斗的动力，努力实现年度发展目标，并尽可能有所突破。

七级工资则是底薪+提成+绩效+团队提成+部门分红+公司分红+超产奖+虚拟股。在这一层级的工资中，加入了虚拟股，这等于将个人的发展与公司的发展彻底捆绑在一起，对提升员工的工作积极性以及归属感都有很大的作用。一般来说，当公司开始裂变出更多分公司，或者产生裂变需求的时候，就会加在薪酬体系中加入虚拟股。

七级工资制度对于很多企业都有参考的意义。在这里，公司的薪酬不是一个单纯的标准，它具有层次性和灵活性的特点，所有层级的薪酬标准都是按照员工具体的工作表现和绩效考核来设定的。

可以说，为了确保绩效考核应用的高效性，企业需要打造一套更加完整的薪酬体系。

首先，要打造差异化的薪酬体系。企业发展的不同阶段需要制定不同的薪酬制度，因为在公司发展的初期、成长期、高峰期、稳定期、衰落期，对员工的要求不一样，绩效考核的方法也会有差异，与之关联的薪酬体系也要进行调整和变动。当然，无论怎么变动，薪酬体系的构建都要符合公司的战略导向。

其次，打造更为合理的评估体系。公司坚持以岗位来定级，按照岗位的高低来制定薪水标准，普通员工的基本工资、基层管理者的基本工资以及高层管理者的基本工资都是不同的。不仅如此，不同层级的员工获取的奖金额度也不一样。比如，在完成公司发展的相关目标后，企业高管和部门管理者的奖金就和普通员工不同。

再次，公司需要打造更加灵活的激励方案。简单来说，就是结合流程管理细化整个考核与激励方案，不能够单一地采用"完成了多少任务就给多少工资"或者"一年给多少薪水"这样的薪酬激励模式,要将目标考核进行分解,按照分解的目标制定薪酬支付的方式。

比如,有位员工去公司面试,直接开口要80万元的年薪。公司的老板完全可以按照80万元的年薪签下员工,他却将工资提高到了100万元,然后将工资分为固定工资和效益工资。简单来说,员工必须接受绩效考核,通过考核才能拿到效益工资。

不仅如此,老板还设定了新的考核模式和薪酬发放模式。其中,固定工资30万元,包括12万元的基本工资和18万元的绩效工资;效益工资设定为70万元,分为月度目标1万元,季度目标10万元,年度目标18万元。哪个月没完成任务就扣除1万元,哪个季度没完成任务扣除10万元,一年的工作任务没完成,就多扣除18万元。

将年度工作目标考核分解为基本工作贡献值的考核,以及月度、季度和年度目标的独立考核,有效提升了流程控制和目标管理的力度,确保工作更有效率地推进。这种多层次、全流程的考核方式无疑会让企业更具活力,也能够激发员工持续保持良好的工作状态。

最后,在制定薪酬体系的时候,一定要重点关注薪酬激励的维度,改变过去那种单一的发工资模式。公司可以选择为员工提供职位晋升机会,可以提供股权奖励,也可以提供带薪休假或者职位调动等奖励,尽可能丰富激励的维度。对于一些特殊岗位的员工(比如高管),公司还应该采取"物质奖励与精神激励相结合"的方法;对于那些绩效考核非常优秀的员工,要给予必要的精神鼓励,或者将他们安放在重要岗位上,为他们实现个人价值提供更好的平台和机会。

与此同时,公司也需要转变奖励的风格,可以给予员工事前奖励(工作开始前给予奖励)、事中奖励(工作过程中给予奖励)、事后奖励(按照考核结果进行奖励),一方面可以确保整个考核流程可控,另一方面也能增强员工的参与感,为企业的长远发展注入活力。

设计更加完善的《薪酬职级表》

在落实薪酬管理的时候，企业需要积极构建属于自己的《薪酬职级表》。设计《薪酬职级表》需要做一些准备工作。

第一，企业必须先对岗位价值进行对比和分析。《薪酬职级表》需要以《岗位职责说明书》为依据进行设计，不同的企业往往会有不同的《岗位职责说明书》。《岗位职责说明书》的基本包含岗位名称、岗位类别、岗位设置目的、岗位关系汇报、岗位管理目标、岗位职责工作标准、岗位KPI考核指标、岗位任职资格、岗位职业发展通道、岗位权利等内容。

《岗位职责说明书》可以为员工的录用提供基本的依据，因为《岗位职责说明书》中明确了岗位的任职条件；它可以作为劳动合同的附件，因为员工进入公司后需要承担的责任，已经在《岗位职责说明书》中做了准确的界定；《岗位职责说明书》还可以作为任职资格认定的依据和员工培训的依据。此外，《岗位职责说明书》中还规定了绩效考核评价的内容和标准，确定了薪酬职级。

第二，企业要做好岗位价值评价工作。常见的评价方法包括岗位排序法、岗位分类法、因素比较法、要素计点法、海氏三要素评估法。

岗位排序法要先做出岗位描述，确定评定标准后对各个方位打分，汇总结果后计算平均分，然后按照分数排好次序。岗位分类法要按照工作职责和任职资格将岗位分类，然后给每一类岗位确定岗位价值的范围，之后对同类岗位进行排序，确定每一个岗位的价值。因素比较法侧重于评估智力、技能、管理责任等要素，按要素进行排列。要素计点法一般先确定影响岗位的共同要素，然后以此来制定总体评价标准，并对岗位进行评价，汇总分数后将其转化成岗位工资标准。海氏三要素评估法从知识、解决问题、应负责任三个维度出发，对岗位价值进行评估，然后依据分值来确定岗位的等级。

第三，企业需要建立明确的任职资格。企业要构建公平公正的竞争机制和人才录用机制，为员工提供更好的发展舞台，推动员工提升职业素质。不仅如此，建立明确的任职资格能够确保员工的能力、贡献与薪酬职级紧密结合。通常情况下，任职资格的认定流程为：确定任职资格标准—任职资格标准开发—任职资格体系实行—内部测评—员工任职资格认证—任职资格体系完善。

确定任职资格标准：一般可以从基本条件、必备知识、能力素质三个维度入手。

基本条件	学历　专业　工作经验
必备知识	知识　技能　专业积累
能力素质	职业素质　能力要求　绩效考核

任职资格标准开发：企业依据统一的任职资格体系结构，建立各个岗位的任职资格标准。每一个岗位都要在基本条件、必备知识、能力要求、素质要求四个维度上进行详细的描述。

岗位名称	类别	任职资格描述
×××助理	基本条件	
	必备知识	
	能力要求	
	素质要求	
×××主管	基本条件	
	必备知识	
	能力要求	
	素质要求	
×××部门经理	基本条件	
	必备知识	
	能力要求	
	素质要求	
×××总监	基本条件	
	必备知识	
	能力要求	
	素质要求	

任职资格体系实行：企业建立任职资格标准之后，要进行培训和标准调整，以贴合实际管理需求。

内部测评：简单来说，就是通过考试、评价会等方式评定员工的任职资格。一般来说，测评的要点包括专业经验、知识、技能、行为和素质，不同的要点有不同的测评内容和测评方式。比如在测评专业经验的时候，一般会重点测评工作经历，包括参与项目的经验、承担的角色以及工作的具体要求，但能力出众的人不必拘泥于经验问题。而对知识的测评往往包括业务相关的理论知识、规章制度以及业务流程等基础知识，一般可以通过考试、现场答辩等方式开展测评工作。

员工任职资格认证：完成内部测评之后，制作《员工任职资格评定表》，表单的内容包括岗位名称、申请人名字、申请认证岗位、认证内容（基本条件、必备知识、能力要求、素质要求）、认证结果、认证评委签字。

任职资格体系完善：随着企业的不断发展，任职资格体系也需要按照实际需求进行完善。

经过以上几个步骤，企业就可以建立有效的岗位任职资格，确保员工的具体薪资可以与企业《薪酬职级表》的职级相挂钩。

接下来，企业需要进行有效的薪酬调查。简单来说，就是按照标准方法对岗位进行分类、汇总和统计分析，制定薪酬现状的调查报告，确保企业薪酬设计合理。一般来说，企业在进行薪酬调查的时候，需要针对自己所处的行业，调查同行业的竞争对手，然后对相关企业的总体薪酬进行调查。在调查时，可以参考政府部门公布的薪酬调查资料、招聘网站的相关信息、面试信息、调查问卷，也可以直接委托专业机构调查。通过调查，可以了解各个岗位的薪酬范围，确定最低工资、最高工资、平均工资、工资中位数，然后绘制市场工资曲线。

第四，就是《薪酬职级表》的设计。通常情况下，企业需要先进行岗位薪酬市场调查数据分析，依据评价点数、薪酬策略和市场调查调整后的薪酬范围，计算中位值。接着，企业需要设计薪酬职级，每个薪酬等级需要确定不同等级所容纳的职级，职级一般分为基层人员、骨干员工、核心员工、专家、资深专家等。明确职级后就要细分薪酬职档，诸如初等档次员工、中等档次员工、中等档次主管、高等档次和特等档次管理者。了解任职资格后便可以确定职位的分布，将所有职位按类别以及贡献大小进行汇总，制成《职位与薪酬职级对应表》。

在明确职位和薪酬职级、市场薪酬策略的对应关系之后，可以着手制定《企业薪酬职级表》。

第五章 设计合理的薪酬激励体系

薪酬等级	职等	工资范围 最小	工资范围 最大	研发生产系列 研发	研发生产系列 生产	营销系列 销售	营销系列 市场	职能管理系列 人力资源	职能管理系列 财务管理	职能管理系列 高级管理
第五级	6	90001	100000							总经理
	5	75001	90000							
	4	65001	75000							
	3	50001	65000	研发总监		销售副总				
	2	35001	50000							
	1	25001	35000							
第四级	4	24001	25000	总监级别		销售总监		专家	专家	
	3	23001	24000							
	2	22001	23000							
	1	21001	22000							
第三级	5	20001	21000	高级		高级销售		人力资源总监	财务总监	
	4	19001	20000							
	3	18001	19000							
	2	17001	18000							
	1	16001	17000							
第二级	5	15001	16000	中级		销售		部门经理	部门经理	
	4	13501	15000							
	3	12001	13500							
	2	10501	12000							
	1	9001	10500							
第一级	6	8001	9000	初级		销售助理		主管	主管	
	5	7501	8000							
	4	7001	7500							
	3	6501	7000							
	2	6001	6500					助理	助理	
	1	5501	6000							

需要注意的是，在设计《薪酬职级表》时，需要做到内外部的公平。对外，企业的薪酬必须具备一定的竞争力和吸引力，如果薪资低于市场上的同

行企业，那么企业就容易流失大量的人才；对内，企业需要保证各部门、各职位之间的相对平衡。为此，企业需要做好以下几点：

- 企业内部的薪酬价值导向能够被大多数员工认同。
- 企业需要评估各个职位对企业最终目标价值的贡献。
- 企业必须有完善的职位评估程序和方法，并且可以通过培训让所有人了解评估过程和评估结果的公正性。

在《薪酬职级表》设计完成之后，需要对薪酬职级进行定义，确保薪酬职级和岗位相对价值评估以及任职资格能够结合起来。接着，企业要对《薪酬职级表》进行验证，一般可以从薪酬战略符合度、职位薪酬可扩充、与现有薪酬待遇符合度、职级数量、职档数量、薪酬职级定义等方面验证其有效性。

非物质激励必不可少

通常情况下,企业所强调的薪酬管理,是针对狭义的薪酬概念来实施的,而为了丰富企业的薪酬激励体系,有时候需要推出实施范围更广的薪酬管理制度,即接下来要讲的薪酬激励。薪酬激励包括了货币形式的工资、奖金、股权和福利,也应当包括非货币、非物质形式的一些激励措施,如职位晋升、赞美和认同、提供更好的发展平台和机会、给予更好的工作环境。

—— 职位晋升

职位晋升是一个非常重要的激励方式,而且激励效果往往非常好,无论是对新员工,还是老员工,职位的提升都可以成为薪资(货币形式)以外的重要补充。与发放工资、奖金或者其他物质福利相比,职位晋升往往更具吸引力。一方面,职位晋升往往意味着薪资提高,按照薪酬职级划分,当一个人的职位越高时,其薪资通常也会更高一些,所以职位晋升本身就可以满足人们提高薪资的需求。另一方面,职位晋升能够带来荣誉感和满足感,对多数人来说,职位的提升更能体现自身价值被认同,它会给人带来更大的精神满足。

正因如此,在打造薪酬激励体系的时候,企业一定要打造合理的职位晋升体系,为那些真正有能力、能够为企业做出贡献的员工提供职位晋升的机会。很多公司会采取一视同仁的管理模式,无论是新员工还是老员工,只要在连续两次年度绩效考核中拿到优秀的评分，就可以升职加薪；只要为公司做出巨大贡献（包括新技术研发、重大项目成功、营收方面获得重大突破等），就可以获得职位晋升的机会。这样的管理模式无疑会激励员工们更加努力工作，积极完成企业的战略目标，从而获得升职加薪。

——赞美和认同

这是一个很容易被忽略的激励方式。一般情况下，管理者会觉得员工都有物质上的需求，都渴望职位获得提升，并且认为员工工作的目的也正在于此。其实，员工在追求更高薪水、更高职位的同时，同样渴望赢得更多人尤其是上级领导的认同，他们有获得尊重的精神需求。来自上级的赞美和认同往往可以有效激发员工工作的积极性，也可以帮助员工提升自信，还可以加强上下级之间的联系，使员工对企业的归属感得到增强。因此，管理者在管理员工时，不要一味地施加压力，不要总是批评员工，对于员工身上的优点和做出的出色业绩，也要及时给予口头赞美。

比如，某些公司提倡赞美文化，只要员工做出重大的贡献，或者在工作中表现出色，公司就会在通告牌上公布员工的成绩和贡献，然后及时给予赞美。除此之外，在每周的内部会议上，部门主管也会对本周工作表现出色的员工点名进行赞美。在商讨方案的时候，管理者也会对那些勇敢提出不同看法的人给予赞赏，激发和强化员工的参与感。这一类提倡赞美和认同的企业文化，能够帮助公司构建良好的工作氛围，帮助员工树立更加强大的自信心。

——提供更好的平台和机会

管理者应该明白，一个员工的能力发挥和价值贡献，不仅仅取决于个人的能力，还取决于个人所处的平台。当一个有能力的人待在一家小企业工作，或者被安排在低层次的岗位上时，他的能力和价值发挥就会受到限制，个人的成长空间会受到极大的压缩。如果将其安排在大公司工作，或者为他提供一个管理职位，就可以最大限度地发挥出他的潜力。因此，公司的管理者一定要善于观察人才，及时为他们提供更能够施展才华、释放潜力和输出价值的平台，帮助他们获得更快成长。

比如，有些公司为了激发员工的工作积极性，会主动为那些工作能力出众，工作态度良好的员工提供发展平台，甚至帮助这些员工做好职业规划。包括将一些骨干成员往更高层次的机构输送，或者安排他们独立负责相关的业务。通过这样的方式，不仅留住了大批人才，还推动员工不断成长。

——给予更好的工作环境

人们在选择工作时，不仅会考虑薪资和发展机会，还会在意工作环境，毕竟工作环境会对个人的工作状态产生影响。在一个充满良性竞争的环境中，员工的工作积极性会更大一些；在一个相对自由的环境中，员工的创造力可以得到充分的释放；在一个和谐共处的环境中，员工的团队意识更强，归属感也更强。反之，如果员工的工作环境充斥着冷漠、自私、不公、贪腐，那么员工对工作的兴趣会不断下降，最终丧失工作积极性。

谷歌公司就非常善于打造宽松的工作环境。在谷歌公司总部，员工上班时间并没有一个明确的规定，员工可以自由安排上下班时间，也可以选择在家办公，甚至可以带着宠物来公司上班。如果觉得办公室里很无聊的话，员工完全可以泡一杯咖啡到外边的草地上办公。正是因为公司消除了束缚员工活动的条条框框，才使得公司内部的工作更加自由轻松，员工的创新意识也可以得到充分的释放，使得谷歌公司成为创新能力最强的科技公司之一。

非物质激励的方式还有很多，而无论什么样的激励方式，都可以成为薪资奖励的有益补充。这些非物质激励与物质激励相结合，可以更好地推动企业构建起完整的激励体系，并真正将绩效考核、薪酬管理以及激励结合起来，推动企业战略目标的实现。

绩效考核与薪酬激励管理

正向激励与负向激励的有机结合

　　哈佛大学心理学博士斯金纳曾经提出著名的强化理论。所谓强化，就是针对一种行为产生的后果给予当事人一定的报酬或者惩罚，确保这种行为受到引导或者抑制。一般来说，在对某种行为进行奖励时，这种行为会在一定程度上重复出现，而当人们对某种行为施加惩罚时，相关的行为就会得到一定程度的制止。按照斯金纳的强化理论，可以分为正向强化和负向强化，而强化理论本身就是一种激励理论，因此激励也分为正向激励和负向激励。

　　企业管理者在打造绩效考核与薪酬激励体系的时候，不能仅仅注重正向激励，想着如何制定各种奖励措施，想着如何给表现出色的员工增加工资、增加提成和奖金，或者给予褒扬和认同，也应该制定一些负向激励手段，比如对那些工作表现不佳或者在绩效考核中不合格的员工进行相应的惩罚，包括口头批评、降低薪酬职级、降低职务、扣除奖金等。实施负向激励的目的在于使员工在工作中产生更强烈的危机意识，督促员工始终保持良好的职业道德与行为习惯，确保为企业做出更大的贡献。

　　很多企业管理者常常会感到苦恼，为什么自己给员工提供了良好的工作环境，提供了很高的薪水，还不断给予表扬和认同，可是员工的工作表现始终不佳，而且工作积极性也不高。这可能是由于管理者只懂得采取正向激励的措施，而忽略了负向激励。要知道，想让千里良驹跑得更快，不仅仅需要给它喂优质饲料，给它提供良好的居住环境，为它配置好鞍和舒适耐用的马蹄铁，还要用皮鞭来鞭策它前行。

苹果公司的创始人乔布斯是一个完美主义者，对自己和他人都非常严苛。在工作中，如果有人表现不佳，或者工作没有达到他的要求，他便会毫不留情地提出批评，甚至发出辞退和降级处理的威胁。许多人曾经批评乔布斯是一个暴君，会摧毁整个苹果公司，但事实恰恰相反，依靠着高薪酬的正向激励模式以及乔布斯非常推崇的负向激励手段，苹果公司不断稳步向前发展。

管理者必须意识到，在一个完整的绩效考核与薪酬激励体系中，正向激励与负向激励同样重要，两者之间可以产生互补，共同推动员工进步。

那么，想要做到正向激励与负向激励有机结合，需要从哪些方面入手呢？

——尽量做到正向激励与负向激励同时进行

在同一个绩效考核项目中，不能仅仅制定正向激励措施，还要设置一些负向的激励措施，确保两者同时存在。比如，在年终绩效考核中，企业的考核不能仅仅停留在绩效考核达标就给予奖励的层面上，一个员工如果连续3个季度的绩效考核都达到了优秀级别，公司需要将其绩效工资提升30%。与此同时，当员工连续3个季度的考核都不合格时，公司就要在原有绩效工资标准上减少30%。正向激励与负向激励同时进行，往往可以更好地激励员工努力工作。

另外，企业的老员工往往拥有较高的地位，工资也比较高，有的可能还持有不少公司的股份。因此，他们对于可能获得的奖励并不太关注，对于自己是否能完成绩效考核也漠不关心。如果公司只有奖励措施而没有惩罚措施，这些老员工很有可能消极怠工，在绩效考核中敷衍了事。

此外，由于员工的职位不同、性格不同、所属部门不同，他们在不同激励模式下的反应往往也不相同，有的员工可能更加适合进行正向激励，而有的员工则需要通过负向激励来激发内在的斗志。因此，在制定相关制度的时候，一定要做到正负向激励并存，这样就可以迎合不同的需求。

—— 以正向激励为主，负向激励为辅

从激励的效果来说，多数人可能更喜欢听到赞美，更喜欢获得认同，因此在激励的过程中，正向激励应用的比例会更大一些，所发挥的作用也更大一些，而负向激励的比例可以适当控制一下。无论是物质上的激励，还是精神方面的激励，都要尽可能突出正向激励。负向激励也很重要，但是角色必须得到淡化，避免让员工觉得相关的考核就是为了对他们施加惩罚。

比如，某公司规定：如果公司的项目顺利完工，而员工在该项目中表现出色，那么就有机会获得20%的加薪。但是，如果公司的项目无法顺利完工，那么员工的基本工资将会下调20%，当月的奖金会被取消，年终奖也会受到影响。不仅如此，员工在未来两年内的职务晋升机会会被剥夺。员工看到这个规定，可能就会感到不满，因为在这个规定中，员工可能获得的收益与潜在的风险完全失衡，过多的惩罚措施会让员工觉得公司在无理取闹，他们对公司的忠诚度必定会受到影响。

一般来说，在制度的设计和落实上，应该坚持"以正向激励为主，负向激励为辅"的原则，而在针对个人的面谈和交流时，可以按照具体的情况来决定使用哪一种激励方式。

需要注意的是，无论是正向激励还是负向激励，一定要坚持适度原则，要以激发员工积极性为目的，绝对不能过度使用这两种激励方式。过度的正向激励会提高个人的幸福感阈值，个人的满足感会越来越低，企业为满足员工的需求将会付出越来越大的代价。过度的负向激励则可能会打击员工的工作积极性与自信心，还会降低员工的归属感，导致员工的绩效越来越差。所以，企业只有按照具体的表现制定合理的制度，才能够确保激励的效果。

确保薪酬激励对员工具有强大的吸引力

薪酬在很大程度上会影响员工的工作情绪、工作积极性和能力的发挥。一名员工如果长期处于低岗位、低薪资状态，那么就可能会放弃"更加努力工作"的想法，因为他会发现即便自己做得再多再好，也无法在个人薪资水平上获得太大的突破。就像一个月薪2000元的人，他可能不会选择延长加班时间，因为即便每天晚上加班两个小时，工资依然无法提高太多。但是，如果公司愿意提高薪资待遇，大幅度增加加班的工资，还会对那些表现出众的员工给予年终奖和职位晋升的机会，那么员工的积极性就会得到提升，因为他们会对自己绩效提升带来的奖励充满期待。

关于薪酬与个人工作行为之间的关联性，早就成为一个重要的研究课题。1964年，行为科学家弗鲁姆在《工作与激励》一书中提出了期望理论的概念。弗鲁姆认为，人总是渴求满足一定的需要并设法达到一定的目标。一个人如果把目标的价值看得越大，激励作用就越强。按照这个理论，企业在设计薪酬激励体系的时候，必须确保向员工提供的奖励具有足够的吸引力，而且是员工努力奋斗就可以达到的。

1968年，行为科学家波特和劳勒在期望理论的基础上，推导出一种更加完备的激励过程，形成了一套独特的激励过程综合理论。按照这个理论的说法，一个人工作努力的程度往往取决于个人对外在薪酬价值的主观评价，以及个人对努力工作获得的绩效以及相关奖励的感知情况。从这个理论出发，企业在设定绩效目标时，一定要想办法设置一些富有挑战性并且详细具体的目标，而且给予的薪酬和激励要与完成目标的难易程度相匹配。

无论是期望理论，还是激励过程综合理论，都强调了薪酬设定的重要性，强调了薪酬对员工行为的激励作用，而这种激励往往需要注重吸引力。许多人往往会将吸引力当成单纯的高薪水或者职位晋升，认为只要公司能够开出很高的工资，能够给予晋升的机会，那么对员工就会产生巨大的吸引力。但是，什么样的工资才算是高工资呢？高工资又是否真的对所有人都可以产生吸引力呢？

公司在设置绩效考核的时候明确规定，只要员工的年度考核达到优秀的水准，那么会将月薪提升到5000元。对于月薪3000元的员工来说，5000元的工资就具备一定的吸引力，但是对那些月薪万元起步的程序员来说，月薪5000元根本没有任何吸引力。如果将范围扩展到管理层，许多管理人员对于工资增加多少并没有多大的兴趣，月薪增加20000元，或者增加30000元，根本没有太大的区别。

所以，想要提升薪资和激励的吸引力，那么最重要的不是关注工资增加了多少，而是要看看新的绩效目标和薪资奖励是否具备挑战性。对于月薪3000元的人，5000元的月薪就是一种挑战；对于月薪20000元的人来说，获得30000元的月薪就是一个挑战；对于长久以来扮演执行者角色的人来说，让他独自带领一支团队去攻克一个难度很大的项目，这就是一种挑战。可以说，薪资是否具有吸引力的标准就是看它是否能够激发个人挑战的欲望。

不过，这里强调的挑战性严格来说应该是追求一种略高于个人水平的一种状态，或者说略高于个人现有极限水平的一个高度。在这个高度上，人的潜能会得到充分的释放，个人会想办法超越极限，拿出自己全部的实力来完成任务。就像一个人月薪基本维持在20000元左右，极限也不过是获得28000元的月薪，那么这个时候，30000元的月薪就会成为一个值得挑战的目标。这个挑战目标的设定并不是随意设置的，它要设置成让员工通过努力来实现，或者说实现的概率比较大。如果直接将挑战目标设定为50000元，那么以员工当前的能力来说，显然无法做到，这样的薪资目标设置不仅无法起到激励的作用，还会让员工产生"自暴自弃"的想法，在绩效考核中消极怠工。

因此，在设置挑战性目标的时候，需要把握一个度。比如，一些有经验的考核者在为考核者设置目标时，往往会参照个人能力极限或者所能完成的目标高出10%左右，这样的设置往往激励的效果最好。因此，公司需要关注员工平时的工作状态，对员工潜在的能力进行合理评估。

需要注意的是，设定具有吸引力的薪酬激励目标，不仅要关注薪资目标，还要关注工作难度。员工有时候并不看重自己能拿多少钱，能获得多少奖励，反而非常享受对个人极限的突破，对他们来说，单纯的任务安排就可以产生激励的作用。

此外，企业需要重点关注绩效考核与薪酬激励体系的公平性，因为无论是薪酬还是考核，对员工产生的吸引力本质上都来自员工的主观评价。如果绩效考核与薪酬激励体系存在公平上的漏洞，那么对员工的吸引力就会下降，激励作用自然也就大打折扣。

第六章
加强考核结果应用与薪酬的关联性

按照考核评分高低制定绩效工资

绩效工资是薪酬体系中非常重要的组成部分，也是落实绩效考核最基本的一项激励措施，绩效工资的设定基本建立在对员工绩效进行有效考核的基础上，它的主要特点就是将工资与考核结果挂钩，是一种非常典型的用绩效来换取薪酬的方式。绩效工资是企业调控管理的一种有效方式，通过对不同员工收入进行调节，可以调节、刺激员工的行为，鼓励他们为实现企业的战略目标和年度目标而努力，满足个人的薪酬需求和自我实现需求，同时还能为员工下一年度的考核与发展提供针对性的指导。

从企业管理的角度来说，绩效考核可以用于企业整体和局部的薪酬调整，为年度员工职位评定、岗位调整、资历评价提供重要依据，还可以有效优化人员结构，提升员工工作技能和素质，从而更好地激发企业的活力与竞争力。

通常情况下，公司会按照具体的绩效考核成绩进行等级划分，一般可以分成优秀、良好、合格、需要改进、不可接受几个等级。

其中，优秀等级的员工是指那些为企业发展做出卓越贡献，且考核分数位于最高层次的人，他们的绩效工资会有一定的上浮。比如，实现目标可获得的绩效工资为10000元，那么优秀的员工可以在10000元的绩效工资基础上，还可以额外获得20%的奖励，拿到12000元的报酬。通常情况下，绩效工资的上浮有一个具体的界限，有的企业可能会在绩效工资基础上上浮30%，有的可能会设定20%的上浮空间，也有一些企业的上浮空间会突破40%，不同的企业和团队会有不同的设定。

表现良好的员工是指那些为企业发展做出突出贡献的人,他们的考核分数位于第二阶梯。对于这样的员工,公司通常会直接按照规定发放全部的绩效工资。也就是说,如果原本规定的绩效工资为10000元,那么这一层级的员工就可以拿到10000元的绩效工资。对于那些需要转正或者需要续签合同的员工来说,当他们表现良好时,企业会优先提供快速审批通道,缩短他们转正或者续签合同的流程。

表现合格的员工主要是指那些工作表现正常的人。通常情况下,他们的绩效工资也是按照100%的比例分发。不过,如果他们想要实现转正,或者想要与公司续签合同,那么可以走内部评审的渠道,让评审者来决定。

需要改进的员工通常是指那些工作中存在某些不足之处的人,公司给他们提供的绩效工资会打一些折扣,在原有基础上适当降低。比如,绩效工资的标准是10000元,那么需要改进的员工可能只能获得9000元或者8000元的绩效工资。这类员工的绩效工资计算标准是:绩效工资=绩效工资标准×季度考评分的百分比×100%。

处于不可接受这一层次的员工,他们的绩效考核根本不过关。这个时候,他们的绩效工资是无效的,因此公司在评价他们时给的分数会很低,并且拒绝为他们提供转正的机会,也不会与他们续签合同。

需要注意的是,具体的等级划分方式往往需要按照企业的实际情况做出设定,上面的等级划分也不是一个固定的标准。有的企业在发放绩效工资的时候,可能会设计更为简单的层级,绩效工资的计算和发放也更加简单。

关于绩效工资的分配问题,往往拥有不同的版本。假设公司无法按经营效益或其他更为科学的方法来核定每月可分配绩效工资的总额,那么就可以看看员工是否有既定绩效工资额度,如果有的话,就可以依据员工既定绩效工资额度(绩效工资标准)进行考核和分配。假设一个员工表现良好,那么就可以直接按照绩效工资标准(假设10000元)获得100%的绩效工资。

假设公司可以按照公司经营效益或其他科学方法核定每月可分配绩效工资总额，那么在计算员工具体的绩效工资时，可以将既定的绩效工资额度与公司总的经营效益结合起来。在计算绩效工资的时候，可以在原有标准上适当做出调整：如果企业效益好，可以增加绩效工资发放额度；如果效益不佳，可以适当减少发放额度。

　　还有一种情况，那就是在员工既定的绩效工资额度与公司总的经营效益相结合的基础上，还要与部门绩效考核结合起来发放绩效工资。员工可以按照部门考核成绩先发放一部分绩效工资，然后根据员工自身考核成绩发放第二笔绩效工资。

　　无论是哪一种类型的绩效工资制度，都要让全体员工参与进去，且应该做到公正、客观，标准不能随意变动。一般来说，整个企业中通过考核的员工都要有绩效工资。管理者必须让所有人都知道一点：只要努力做出了成绩，就可以获得绩效工资。做出贡献的员工不能存在"有的人有绩效工资，而有的人没有绩效工资"的情况，做出同等贡献的人不要出现绩效工资相差巨大的情况。而且，在绩效指标合理的前提下，企业应该扩大绩效工资和固定工资的比例，这样可以激发出员工更大的积极性，促使他们更加努力地投入到工作当中去。

　　还有一点应该引起重视，绩效工资应该准时发放。到了兑现日期，绩效工资就要发放到员工手上，不能随意拖延，即使遇到特殊情况需要延迟一段时间，公司也要提前进行说明，否则就很容易影响公司的信誉。

将绩效考核与薪酬职级结合起来

除了在绩效工资方面作出规定之外,企业还需要将员工绩效考核与规范的薪酬职级制度挂钩。简单来说,就是依据员工具体的绩效表现和成绩,制定相应的薪酬职级。企业应该参考相应的规定调整员工的薪酬职级,确保员工可以依据自身的能力和表现,看清自己的奋斗方向。

薪酬职级,就是通过员工的职务以及级别来确定与之相对应的薪酬。薪酬与职级结合,突破了传统意义上的薪酬体系,能够对员工形成有效的激励。职级工资包括职务工资和级别工资,职务工资主要和工作职责大小有关。一般情况下,一个职务对应一个工资标准,但一个职务往往对应若干级别。比如,产品经理可以划分为工程师、经理、架构师三个级别,还可以细化为产品助理工程师、产品工程师、产品经理、高级产品经理、资深产品经理、解决方案架构师、高级解决方案架构师、资深解决方案架构师、领域解决方案架构师。不同级别的人会存在多种不同级别的工资,级别工资往往和个人的工作成绩以及资历相关。同一级别的人也会存在不同的工资档次,因为个人担任的职务、道德表现、资历都会影响工资档次。

在构建薪酬体系的时候,可以选择构建不同的薪酬职级。关于薪酬职级的设定,通常会在《绩效考核管理制度》中有明确规定。不同的企业会有不同的薪酬职级规定,但大体上都遵循相似的模式来执行。

比如,一家企业明确做出规定,当员工连续四个季度的绩效考核成绩都达到了良好的水平，或者在年度考核中，连续3个季度达到了优秀的标准，那么第二年的薪酬将会提升3个职级。

如果员工连续3个季度的绩效考核成绩达到了良好的水平，或者连续2个季度达到了优秀的标准，那么第二年的薪酬会提高2个职级。

如果员工连续2个季度的绩效考核拿到了良好的分数，那么第二年的薪酬会提升1个职级。

如果员工连续4个季度被评为需要改进，或者连续3个季度被评为不合格，那么第二年的薪酬需要下调3个职级。

如果员工连续3个季度被评为需要改进，或者连续2个季度被评为不合格，那么第二年的薪酬需要下调2个职级。

如果员工连续2个季度被评为需要改进，或者有1个季度被评为不合格，那么第二年的薪酬需要下调1个职级。

如果员工的年度考核被评为不合格，那么第二年的薪酬会直接下调4个职级。

这家企业的某个产品助理工程师的职级是13级，薪酬大约是20万元。如果该员工连续3个季度的绩效考核成绩达到了良好的水平，或者连续2个季度达到了优秀的标准，那么第二年的薪酬会提高2个职级，也就是达到15级的工资水准，年薪变成30万元。

一个职级达到16级的产品经理，总薪酬达到了50万元。如果这个产品经理连续4个季度被评为需要改进，或者连续3个季度被评为不合格，那么第二年的薪酬需要下调3个职级，只能拿20万元的薪酬（薪酬等同于产品助理工程师）。

类似的薪酬职级制度在很多公司都存在，只不过不同的公司会有不同的薪酬激励管理模式和不同的职级划分。比如，有的企业没有那么复杂，那么职级数量可能会比较少，有些大公司可能存在十几个职级，而小公司也许只有五六个职级。不仅如此，企业规模越小，内部管理体系越简单，其薪酬职级上升和下调的幅度也就越小，但无论职级数量是多少，上升和下降的幅度有多大，最重要的还是通过调节职级来达到激励的目的。因此，想要真正激励员工，想要确保员工的工作符合战略需求，就要将绩效考核与薪酬职级划分结合起来，利用薪酬职级来提升员工的积极性，保证内部团队的活力。

薪酬职级的划分改变了传统的工资构成模式。传统的薪酬体系可能更加看重职位与薪酬的关联性，一个人所处的职位决定了他能够获得的薪酬，每一个职位都会有对应的薪酬，而且这个薪酬是相对固定的。也就是说，当一个人想要获得更高的薪酬时，唯一的出路就是想办法晋升，让自己处在更高的职位上。假设副经理的年薪是30万元，经理的年薪为40万元，那么即便副经理工作出色，他也无法获得40万元的年薪，除非他可以晋升到经理的位置，而这样做的难度显然非常大。也正是因为如此，员工的工作积极性会受到一定的影响，他们一旦感觉自己晋升无望，就会产生消极怠工的态度，对企业的忠诚度也会下降。

建立薪酬职级制度，就等于在原有的职务工资制中，增设了级别工资，奖励不再独立于工资标准之外。这样一来，即便不用提升职务，员工也有机会通过级别晋升、档次晋升来提高自己的待遇，这就改变了原来的官本位思想，让有能力的人可以得到更多的回报。薪酬职级制度的实施，与绩效考核息息相关，更直接地说，这是与员工的实际贡献挂钩，这样可以更好地发挥工资和奖金的激励作用，从而提升员工的工作效率。

企业在实施薪酬职级制度的时候，需要了解每一个岗位的功能，也要了解每一位员工的职能，然后制定一份合理准确的岗位职责说明书，为岗位薪酬职级体系的建造提供良好的参考。

绩效考核与薪酬激励管理

人员与岗位的合理调整

在绩效考核与薪酬激励管理体系或者单纯的激励体系中，员工的职务调整一直都是一个重要的内容。许多企业的激励体系可能比较简单，在大多数时候只是按照单纯的薪资调整来激发员工的积极性，给那些工作表现更好的员工增加工资和奖金，或者给那些表现不佳的员工降低薪酬。通过薪资来打造激励体系在一定程度上可以产生较好的效果，但单纯的薪资调整同样存在一些不足之处。

比如，很多员工在工作中表现非常出色，公司也给予了他们一定的奖励，为他们提供了更高的工资和奖金。当然，这些工资和奖金也有一定的限度，有的企业规定绩效工资的上涨幅度不能超过20%，奖金也不能超过年度总工资的50%。这样的规定无疑会限制员工的收入，员工知道自己的薪酬上涨幅度有限，可能会慢慢失去奋斗的兴趣。这个时候，他们可能会倾向于晋升职务，以此来获取更多的薪酬。此外，还有不少人拥有晋升的愿望，他们大多数是一些老员工，对于薪资比较满意，单纯的薪资调整已经无法再激励他们，职务提升才能满足他们的需求。在他们看来，只有获得更高的职位，自己的能力才能更好地彰显出来，而且只有站在更高的职位和平台上，才有机会实现自我价值。

由于很多企业的晋升通道狭窄，而且规则和条件非常苛刻，比如必须工作满多少年，必须有足够的资历，必须获得上级领导的认同，才有机会获得晋升。诸多条件可能会让员工丧失信心。因此，企业需要构建更多的晋升通道，需要提供更加宽松的晋升通道，而且要确保每名员工都有公平晋升的机会。最简单的方式就是将绩效考核与岗位调整结合起来：那些绩效考核表现很好的人，有机会获得职位晋升；而那些绩效考核成绩比较糟糕的人，可能会被降级处理。

有的企业还会按照年度绩效考核成绩来调整岗位，他们会按照考核成绩将员工的表现划分为优秀、良好、中等、合格、不合格等几个层次。如果员工连续4个季度被评为不合格，那么这个员工可能会被降级处理，公司会安排他在低一层级的岗位上工作一段时间，等到他能够顺利通过下一年度的绩效考核（连续3个季度达到合格水准），才会被调回原岗位上。如果他连续3个季度表现优秀，或者连续4个季度表现良好，那么公司将会考虑将其提拔到更高的职务上。

有的企业可能会拉长考核的周期，公司会认真评估员工每一个季度、每一年度的考核结果，给出一个最终的评分。然后，公司会将连续两年的年度考核评分进行综合，如果两年来，该员工的绩效考核都属于不合格，那么就会被调离原岗位，分配到下一个层级的岗位上。

总之，职务调整是一个非常常见的管理内容，在绩效考核与薪酬激励管理体系中占据重要的位置。一般来说，在绩效考核中表现出色的员工，可以获得晋升的机会，而那些表现较差的员工，晋升的机会将会很少。职务调整可能还涉及劳动合同的续签问题，绩效考核分数很高的员工，公司通常都非常乐意与之续签劳动合同，会想方设法留下这些员工。而那些绩效考核分数偏低的人，公司可能会将续签合同的事情暂缓，通过继续观察和考核，来决定是否继续留用对方。

需要注意的是，有些公司在职务调整中，可能会使用末位淘汰制。这种制度往往难以做出合理的设定，淘汰的频率也存在争议，究竟是一年一次还是一个季度一次，或者两年一次呢？当淘汰人员达到一定程度时，是否应该控制人数，淘汰底线在哪里比较合适？这些问题往往都会导致内部争议不断，甚至陷入混乱。

现在，有很多公司都对末位淘汰机制做出了调整和完善，他们会结合员工几年的工作表现来进行绩效评估，而且会综合员工的工作态度、价值观、人际关系以及个人的道德水平进行评估。对于那些连续几个季度或者几个年度表现不佳的员工，公司会安排专人进行面谈，了解对方工作不佳的原因，并帮助对方解决工作当中的困难，提升对方的工作能力。如果面谈之后，对方仍旧表现不佳，而且工作的态度不佳，公司才会考虑将对方开除。

无论是职务晋升、职务下降还是淘汰机制，本质上都是对岗位进行调整。在岗位调整中，晋升或者降级处理并不是唯一的方式。当员工在年度绩效考核中表现不佳时，公司可能会优先考虑岗位调整，这种调整不是降低职务，而是将其调到其他部门或者同部门的其他岗位上工作，让员工在适合自己的岗位上发挥优势。在企业看来，任何一个员工都有自己的价值，有的员工可能适合做难度更大的工作，有的员工可能适合做低层级的工作，而有的员工或许并不适合当前的岗位，他或许更适合从事其他岗位的工作。这个时候，岗位调整就可以跳出职务级别调整的范围。

比如，一位部门副经理连续两年的绩效考核都勉强及格，第三年的年度绩效考核没有及格。这时公司打算对其进行降级处理，让他担任生产小组的主管，但生产部的经理否定了这个决策。原来，生产部的经理翻阅员工简历时发现，即将被降级的这位副经理在进入公司以前曾经长时间从事营销工作，他觉得或许这位副经理更适合去营销部。于是，他打了一份报告给人力资源部，让人力资源部做出调整岗位的安排。结果，这位副经理被调往营销部半年，就带领自己的营销团队将销售额在原来的基础上提升了50%，营销部的年度考核成绩被评为优秀，公司立即将其提拔为营销部经理。

类似的情况在企业管理中比较常见，很多员工由于被安排在错误的岗位上而失去了展示和证明自己的机会。管理者应该放弃绩效考核决定能力的单一思维，而要想一想员工为什么会表现不佳，员工的优势在哪里？通过深入地了解，或许就能够知道员工真正适合做哪方面的工作。有时候，只要换一个岗位，换一份工作，员工就可以为企业发展做出巨大贡献。

强化内部员工培训，提升员工的执行力

培训是企业管理中的重要环节，管理学当中有这样一句话："好员工是招来的，更是培训出来的。"优秀的员工未必能够适应企业的工作环境，企业必须针对性地对员工进行培训，确保员工可以快速融入工作环境当中，并在专业技能上得到提升。通常情况下，企业想要实现长久发展，想要保证内部的文化、技术、经验以及管理可以得到传承、发扬，那么就要想办法做好培训工作。

很多公司都有专门的培训机制，比如英特尔公司会设置9个月的培训期，帮助员工更快地熟悉企业文化、价值观以及工作所需的技能。负责培训的经理每周都需要与员工面谈，必须时刻了解员工的状态，然后针对性地调整培训计划。在第3个月、第6个月、第9个月时，公司还需要开会了解员工的培训情况。公司会安排富有经验的管理人员或者老员工帮带新员工，打造独特的培训教练制。

沃尔玛公司则有为期两年的"管理培训生项目"，培训生需要在不同岗位上接受轮岗学习，全面而具体地学习相关的工作技能。公司会安排管理者指导员工完成任务，并通过面谈的方式传授经验。

麦当劳在世界各地设置培训中心，像著名的芝加哥汉堡大学就是麦当劳的一个培训中心，许多餐厅经理的候选人往往被公司安排进入这所大学进行为期15天的进修。

员工进入公司或者准备上岗工作之前，公司会针对性地进行业务培训和价值观培训，确保员工的硬件和软件都可以达到应聘标准。其实，想要真正落实好培训机制，就要将培训工作与绩效考核结合起来。

比如，某员工连续4个季度的绩效考核都不合格，那么就表明这个员工的工作能力不达标，或者工作方法、工作态度出了问题。针对这些情况，公司需要想办法加强培训，安排专人负责该员工的培训工作，或者让该员工接受再教育。

相比于其他培训方式，将绩效考核与员工培训结合起来，可以保证培训的效果，减少盲目培训和机械性培训带来的浪费、低效和保守主义。比如，在传统的入职培训中，公司会设定一个基本的目标，然后安排员工进入训练营接受培训。这种培训往往是统一的，同一部门、同一类型、同一岗位的员工接受的培训基本一致，只有达标的人才算通过培训，没有达标的人继续培训，或者公司会继续设置观察期做进一步的考察。这样的培训往往过于笼统，毕竟每个人的特点不一样，一些在培训中表现不佳的员工，可能只是没有找到合适的节奏和方法而已，或者不适应这种培训方式。如果他们找到合适的工作岗位，一样可以发挥巨大的能量，为企业发展做出卓越的贡献。反之，那些在培训中心表现出色的员工，入职后可能也会出现无法适应工作环境，或者无法达到预期水准的情况。

盲目培训是很多公司都会做的事情，员工往往像生产线上的产品一样被对待，缺乏独立性和独特性，而且培训的效果也并不算太好。员工经过培训可能只是掌握了一些初级技能，了解了一些大致的制度和方针，明确了价值观和企业文化，但在具体的工作岗位上，可能会表现得很糟糕，因为自身的特点可能无法完全发挥出来。此外，这样的培训也会掩盖很多问题，包括员工的心态、员工的意志力、员工的行为习惯、员工的缺陷，这些都会在实际工作中慢慢显示出来。

相比之下，通过绩效考核来找"问题"的方式更具针对性。绩效考核可以帮助员工更好地了解自己在哪些地方做得不到位，哪些地方存在较明显的短板。管理者也可以在考核基础上构建起员工的能力模型，然后针对不足之处进行指导，引导对方不断完善自我，不断提升自我。

培训不应该只是针对那些表现不佳的员工，一些表现出色的员工同样可以加强培训。比如，一些员工在绩效考核中表现非常出色，在某些绩效考核指标上的表现更是达到了优秀水准，展示出了强大的个人能力与发展潜力。这个时候，公司可以针对绩效考核中的优点进行强化训练，引导员工在相关指标和项目上再接再厉，获得更大的突破。这一类培训通常针对那些特殊人才，他们在某一方面拥有出色的表现，公司希望可以进一步放大这些优势，从而引导他们为公司做出更大的贡献。

培训的目的是让员工得到完善和提升，简单来说就是补上自己的缺陷，强化自己的优势，而只有与绩效考核结合起来，才能确保这些目的实现。同样地，绩效考核的最终目的也是改正缺陷和不足，提高员工的工作能力。通过针对性的培训，可以保证绩效考核发挥出应有的作用，并为后面的薪酬激励管理提供更好的依据。比如，一些绩效考核表现不佳的员工，可能只获得较少的薪酬回报，但是通过专业的培训，员工可以及时补足自己的缺陷，确保自己在工作中做出更大业绩，这个时候相应地也会在薪酬上做出调整。培训机制的存在让员工能够更好地认识自我、强化自我，激发他们不断提升自我的信心和决心。

从绩效考核与培训相互作用、相互补充的关系来看，有必要将培训工作纳入绩效考核与薪酬激励管理体系当中去，确保该体系可以发挥更大的作用。

做好考核的定性分析与定量分析

一家面馆雇用了一位师傅制作排骨面,为了激励师傅更加努力地工作,面馆老板制定了考核量化指标:每卖出一碗排骨面,师傅将会获得0.7元的提成。一段时间之后,排骨面的销量不断上涨,但令人意外的是,面馆的利润不断下滑。经过观察,面馆老板发现,师傅每次都会往面中多加入一块排骨,以增加面的销量。

于是,老板改变了考核量化指标,采用高薪养廉的方式。老板给师傅开了每天500元的固定日薪,然后每个月的工资与出勤天数挂钩,假设师傅这个月工作30天,那么月薪就达到15000元,而且无论这30天卖出几碗面,师傅都会领到这样的工资。可是一段时间后,老板发现排骨面的销量直线下滑,前来吃面的顾客越来越少,而且还听到顾客抱怨排骨面缩水了。经过调查,老板发现师傅最近添加的排骨越来越少,导致顾客越来越不满意。顾客变少,师傅的工资却不受影响,这个时候他自然会选择减少工作量。

很明显,老板两次设定的考核指标都是不合理的,最终导致面馆的生意受到了影响。做好企业的日常绩效考核工作,关键在于打造更加健全的绩效考核体系,制定合理的考核指标。在绩效考核体系中,定性指标和定量指标是两个基本的指标。

一般来说,定量指标体现的是企业经营类和财务类的结果,通常和生产经营目标相关。该指标简单明了、容易实施、约束力比较强、独立性也比较高，量化的考核结果通常可以用于组织和个人的对比。常见的定量指标包括销售额、产值、合格率、客户满意率、投资回报率、开发周期、累计投入等，它们都可以运用数据清晰地展示出来。定量指标在考核和评价的时候比较简单，往往可以通过数据直观地体现出来。

定性指标是指那些无法直接通过数据计算分析评价的内容，通常需要对评价对象进行客观描述和分析，以此来反映评价结果的指标。定性指标通常是一些管理指标，很难直接进行量化考核。

相比于定量指标分析，定性指标的评价往往很难。比如，有的员工的工作态度很好，工作也非常积极，但这种积极性并没有带来良好的业绩。这个时候，关于工作积极性这个定性指标，在评价的过程中很容易出现各种争议，到底是考虑以业绩为标准，还是要看工作中的具体行为和态度呢？

正因如此，对定性指标的分析和评价要保持慎重，而且要具有针对性。一般情况下，对定性指标进行考核和评价可以把握两个要点：

第一，严格规定定性指标在年度绩效考核任务书中的总权重。为了保证绩效考核的客观公正，建立面向业务目标的考核导向时，定性指标的总权重最好不要超过10%，即便是一些特殊情况，最多也不能超过20%。以素质评价为例，它的总权重一般会控制在10%以下，在一些特殊的企业中，团队素质提升可能会对企业管理团队建设产生很重要的作用，可以适当提升它的总权重。

第二，定性评价应该单独展开，而且不应该纳入具体的考核当中去。一个人的综合素质不是一朝形成的，想要得到改进，也需要更长时间地引导和积累。一般情况下，企业会将定性指标考核纳入员工的定期考核当中，和员工的任免相挂钩，企业可以将定性指标作为综合素质的一个重要事项来对待。以道德素质的考核为例，有德有才的员工可以获得重用，有德无才的人可以进行培养，有才无德的人要限制录用，无德无才的人要拒绝录用。总之，道德素质是企业考核员工的重要指标。

在对定性指标进行考核的时候，如果条件允许可以选择往下细分的方式，先找到一个大的定性指标，然后将这个指标往下细分成多个可考核的小指标，再制定具体的可衡量考核标准，而且这些标准要尽量用数据和事实来证明。一般来说，可以针对定性指标的不同特征进行观察，从不同的角度进行分析。

比如，在考核管理者的管理能力时，许多人对这个定性指标感到头痛，因为管理能力通常很难通过具体的数据体现出来，很难直接对某个人的管理能力进行评分。其实，考核者可以将管理能力进行细分，将其划分为管理制度是否完善、员工的考勤如何、培训工作是否到位、员工的纪律性怎样、下属的执行力怎么样，针对不同的细化指标，可以设置不同的标准来打分。

定性指标在评价过程中往往具有较大的主观性，经常遭受质疑，但在绩效考核中发挥着重要作用。虽然定量指标相对简单容易，而且也更加客观，但过度使用定量指标会导致考核成本增加。对于企业来说，在进行绩效考核时，应该将定量指标、定性指标结合起来。像政策制定、运营监控、协调沟通等工作，往往会影响企业的运转和利润的实现，但它们很难通过具体的工作过程来衡量绩效。将定量指标和定性指标结合起来，便可以更合理地给出一个考核评分，也方便将薪酬激励管理落到实处，毕竟如果没有一个合理的考核指标，没有明确的量化指标，考核结果也容易陷入笼统和模糊的状态，薪酬的发放也会遭受质疑，很容易引发内部的混乱。

所以，想要将绩效考核与薪酬激励管理进行合理安排，就一定要合理选择定性指标和定量指标，做好考核的定性分析与定量分析，强化绩效考核与薪酬激励管理之间的关联性。

第七章
推进绩效考核与薪酬管理系统的诊断和改善工作

绩效考核与薪酬激励体系的不足

绩效考核与薪酬激励体系在企业的管理体系中扮演着非常重要的角色,对企业的发展和个人的发展可以起到很重要的推动作用。从个人层面来说,绩效考核与薪酬激励体系直接将奖励与员工绩效紧密连接起来,确保企业的薪酬支付更加合理,并兼具客观性和公平性。从组织层面来说,绩效与薪酬相结合的模式能够有效提高企业的生产率,并提升薪酬的市场竞争力。

不过,绩效考核与薪酬激励的结合往往也存在一些缺陷。比如,一旦绩效标准不合理、不公平,那么绩效考核与薪酬激励的相关制度就会失去精准度。企业在设计绩效考核与薪酬激励体系时,往往会设计一个严密且精确的绩效评价系统,但是在具体的实践当中,绩效评价或多或少会受到主观因素的影响,有时候甚至会流于形式。

很多企业的管理体系都不够完善,绩效考核与薪酬激励制度也缺乏一个明确的标准和流程。在很多时候,管理者会按照个人喜好私自调整标准,这就会导致同部门、同岗位、同样绩效的员工,却出现了薪资水平相差巨大的情况。企业管理者在进行评估的时候,如果主观性占据重要位置,会导致考核与激励流于形式。

绩效考核与薪酬激励的相关制度往往过分强调个人绩效回报。虽然这对个人会产生很强的激励作用,但可能会误导员工放弃团队合作,或者导致员工片面追求个人绩效而忽视团队协作,致使团队绩效受到很大的影响。此外,很多企业在实现某个绩效目标时,绩效奖金往往是固定的,这就意味着有人多拿一份奖金,其他人就必定要少拿一份奖金。这个时候,员工为了尽可能获得更多的奖金,往往会爆发激烈的竞争,导致原本相互协作的队伍可能会出现相互拆台、相互攻击的情况,最终破坏内部的合作。

假设某个企业规定,只要生产部门每个月的产量突破30000台,那么该部门这个月就会获得30万元的奖励。这个奖励是固定的,但内部的分配并不是固定的,表现好的员工可以获得更多的奖励。假设某员工的产量非常高,那么在获得个人绩效奖励的同时,获得部门奖金自然会更多一些。正因如此,员工可能会抛弃原有的协作方式,按照自己的方法去生产产品,其他员工也会采取同样的方式,想办法抢占更多资源并挤压同事的资源。最终,员工的工作效率不断降低,部门的产量没有突破30000台,大家都没有拿到奖金。

绩效考核的成绩与相对应的薪资标准会出现背离,比如员工辛辛苦苦完成工作,在绩效考核上获得高评分,自然可以获得更高的薪资。但是,刺激员工提升绩效所需的薪资水平往往难以确定,想要达到一个更高的绩效标准,究竟需要什么样的薪资水准,通常很难进行设置。

最后,绩效考核与薪酬激励的相关制度并不是固定的,企业会根据具体的情况进行调整。在调整的过程中,企业与个人之间原有的心理契约就会被打破,很容易诱发各种各样的内部矛盾。当员工收入增加后,企业很有可能会立即出台更为苛刻的产出标准,增加更多的考核内容,这样便可能导致企业与个人之间产生更大的摩擦。

比如,某企业规定,只要员工连续4个季度都在绩效考核中表现优秀,那么就可以将基本工资提升30%,达到13000元。一名员工在入职一年之后达到了这个标准,于是企业按照规定将他的基本工资提升到13000元。然而,当这名员工获得更高的工资后,考核者突然提出了新的要求:员工每个月的产品出货量从原来的5000个(优秀评分的标准)上升到5500个,出货的产品次品率必须从原来的0.1%(优秀评分的标准)下降到0.05%。如果员工无法达到新的标准，那么薪资将会下降到优秀等级以下的水准。

这名员工对此感到非常愤怒，因为他认为企业无端提高考核标准属于违约行为。他觉得按照规定，如果出货量得到提高，次品率继续下降，那么员工应该获得更高的薪资。于是，这名员工向上级领导申诉，但没有获得合理的回复，他觉得自己的基本权益受到了侵犯，便离开了这家公司。

类似的情况在很多企业都存在，管理者虽然会按照规定给那些绩效考核突出的员工发放应得的工资，但在员工获得更高工资之后，往往会私自增加各种条件。而员工在获得高工资后很有可能会做出让步，或者担心自己的高薪资不保而不得不做出让步。从契约的角度来说，企业的管理者和考核者明显违背了契约精神，在制度条款和标准之外增加条件，这本身就侵犯了员工的合法权益。如果他们真的想要做出调整，那么薪资也要相应做出调整，否则就打破了原有的平衡。

企业的绩效考核与薪酬激励制度的设计、落实，容易受到各种因素的影响，其中还夹杂主观因素的干扰，这就使得它不可能做到完美无缺。但是，企业的管理者必须构建更合理的流程，通过不断地实践来完善和优化整个绩效考核与薪酬激励体系，确保相关制度可以更好地贴合企业现实的发展需求。

构建卓有成效的反馈机制

构建绩效考核与薪酬激励体系往往需要遵循一定的流程。通常来说，企业需要先确定核心管理思想，了解管理的总体架构（包含绩效考核、薪酬与激励三个组成部分），接着思考绩效考核与薪酬激励管理相关制度的设计，为体系的落地提供支持。

管理层与人力资源部往往会参与制度起草，但是为了确保制度的实用性与有效性，企业必须组织专业人员进行评审。比如组织工会或者邀请员工代表参与评审，尽可能保障员工的利益。设计成功之后，相关的制度通常不会立即落实到具体的管理行动中去，而是选择一些部门作为试点，弄清楚制度是否存在缺陷，并及时加以改正和完善。小范围的试点成功后，才会在整个企业内部全面推广和实施。

为了避免直接复制和模仿试点的制度，管理层需要制定相应的总结和反馈机制，面对实施过程中出现的问题，及时做好收集、总结、归类工作，然后在此基础上做进一步的制度优化。

构建卓有成效的反馈机制是打造绩效考核与薪酬激励体系中一个不可或缺的环节。如果没有反馈机制，那么制度中存在的问题就很难被发现，或者发现问题后也无法及时得到解决，企业会出现管理滞后、管理缺陷、管理混乱等问题，不仅影响企业的运作效率，导致内部出现分裂，还会破坏企业战略计划的实施，那么，该如何构建反馈机制呢？想要构建反馈机制，就要想办法促进内部信息交流，尤其是上下级之间的交流，确保员工的声音可以被管理层听见。为了加强上级与下级之间的沟通交流，就需要做好信息收集工作。

最常见的信息收集方式是调研。管理层想要提升管理效率，就需要主动进行内部调研，了解绩效考核制度与薪酬激励制度具体的落实情况，看看员工的满意度，看看员工对这些制度提出了什么意见和建议，对制度的改进有什么期待。比如绩效考核是否公平、是否合理，是否可以真实反映出员工的能力；又比如薪酬激励制度是否让人满意，大家对自己现有的薪资是否满足，大家期待的工资水准以及薪酬模式应该是怎样的。通过调研，就可以找出相关制度中存在的问题，从而更具针对性地进行调整和完善。

调研的方式有很多种，比如直接让员工填写调查表，然后对上交的调查表进行整理、归类和分析，找出大家真正关心的问题。或者通过面谈的方式了解情况，负责人或者高层管理者可以找到员工代表，双方就绩效考核与薪酬激励方面的事项进行深入沟通。管理者应该保持认真倾听的姿态，听取员工最真实的想法，了解工作中最真实的情况，之后将听取的内容进行总结和分析。

在调研的时候，可以将绩效考核与薪酬激励的相关事项分开处理，也可以进行综合调研和讨论。比如，员工对绩效考核的流程不了解，对绩效考核的相关指标不满意，对绩效考核公平性提出了质疑，或者员工对自己获得的薪资感到不满意，对薪资的结构调整心存疑惑，企业都可以将这些问题记录下来并进行处理。在调研的时候，人力资源部要专门制定一张调查表格，表格中有设置两项，一项是针对绩效考核的，另一项是针对薪酬激励的。部分员工可能会认为自己的绩效考核成绩非常出色，但是薪资却比不上其他同事，或者认为绩效考核与薪酬激励不搭配，影响了自己的切身利益。这时候就需要管理者综合处理。通常情况下，企业可以制定一张综合性的调查表单，问题可以设置为员工对绩效考核与薪酬激励体系的看法（是否合理、是否满意、是否有更好的建议)、员工是否认为自己获得的薪资与绩效考核结果相配、员工是否觉得自己做得多而获得的少等问题。

　　除了调研之外,企业还要设置信息反馈渠道,比如企业可开通一条电话热线,员工有任何问题都可以直接向高层反映,公司会审核员工上报的内容,然后着手进行分析和解决。也可以直接成立一个专门用于向上反馈问题的邮箱,员工可以通过邮箱向上级申诉和反映情况,可以把自己对绩效考核与薪酬激励体系的意见和建议发送到邮箱里。或者企业可以建立一个内网,员工可以在内网上自由沟通和交流,将自己的疑惑和不满放在内网当中进行讨论,内网的负责人会定期收集、整理、审核、总结相关问题,然后上报给高层进行处理。同内网交流相似的是,很多大企业都会设置留言墙或者文化墙,员工可以在墙上留下自己对公司管理和运营的一些看法,无论是意见还是建议,无论是好评还是批评,都可以进行留言,而这些留言往往会引发更多的讨论,也会引起高层的关注。有一些公司会定期举办一些交流会,在交流会上,员工就可以大胆说出内心真实的想法,指出绩效考核与薪酬激励体系中不合理的地方,或者说出内心的期待。

　　在构建信息反馈渠道的时候,企业一定要坚持高效原则,而想要做到高效,就一定要改变原有的逐级向上反映的反馈机制。一些大企业组织结构相对复杂,这种逐级反馈的模式效率太低。在管理学中有一个著名的沟通漏斗:一个人想要表达100%的信息,不过由于表达能力的问题,可能只能传递出80%的信息,而经过沟通环境和交流方式的影响,对方可能只接收到60%的信息,在这些信息中,或许只有40%的信息被理解。最终落实到实践当中时,也许只有20%的信息被真正落实。沟通漏洞往往受到沟通层级的影响,层级越多,沟通的信息流失就越严重。如果企业坚持逐级反馈,那么每经过一级,信息就会遗失一部分,或者发生扭曲,那么当信息最终反馈到高层时,可能已经面目全非,无法真实反映基层员工的想法。正因为沟通漏斗的存在,企业需要打破常规,破除层级制度的影响,在高层与基层之间构建一条直接通道。无论是热线、邮箱、内网，还是交流会，都是一种高层与基层的直接对话，它跳出了中间层的干扰，因此效率能够得到有效提升。

一般来说，信息反馈渠道越多，那么信息反馈就越及时，反馈的力度也就越大，解决问题的效率自然也就越高。不过，完成信息收集工作只是第一步，接下来要做的就是针对收集的内容进行整理、分析、归类、总结。对于有价值的信息，企业的领导者要进行重点关注，尤其要重视员工的重要诉求和期待。

及时与员工进行深入沟通

在完成信息收集之后,接下来需要针对员工提出的问题、意见和建议进行分析。一般情况下,企业需要针对员工提交上来的问题进行调查,看看是否真的存在这些情况。如果员工提到的情况属实,而且这些情况真的影响到了绩效考核与薪酬激励管理体系的有效性,那么企业就必须组织人员进行分析和讨论,共同制定新的方案,完善原有的制度。

在内部进行制度的分析和改进之后,是否就意味着调整和优化工作完成了呢?从管理流程的角度分析,改进工作并没有完成,制度的完善、改进和优化都需要一个反复推进的过程,在整个优化过程中,企业的负责人需要想办法不断与员工进行对话,针对反馈的问题进行深入交流。

为什么企业还需要与员工进行进一步的沟通呢?

这里主要有三个原因:

首先,企业在收集反馈信息之后,虽然会着手进行改进和调整,但是这种调整方式并不会完全按照员工的意愿展开。对于员工反映的问题,企业不可能完全按照员工的意见和建议去处理,毕竟企业管理者有自己的考量,他们需要综合考虑其他方面的因素,做出最符合企业发展需求的决定。诸如员工谈到的绩效考核制度改革,或者薪酬机构的调整,或者增加工资之类的诉求,企业不可能全方位进行迎合与满足,而是会考虑整个管理和运营的实际情况,做出适当的调整,在某些方面听取员工的意见和建议。这个时候,企业就需要与员工做好进一步的沟通，将处理的结果以及自己的想法告诉员工，消除可能出现的误会。

其次，企业在完善和优化制度的过程中，离不开员工的参与。面对收集到的意见和建议，企业在分析和总结的时候，往往还需要继续收集和完善相关的信息，尤其是对于一些可能存在争议的内容，需要继续与员工交流，了解事情的全貌，并且通过深入沟通，来搜寻更多有价值的信息，辅助自己对制度做出改进。

最后，完善和优化后的制度可能还存在其他缺陷。员工可能一开始没有完全说明白问题所在，只有多次进行沟通，企业才能更好地处理相应的问题，并给出更合理的解决方案。基于以上几个原因，沟通交流工作需要得到深入，对于完善和优化后的制度，对于处理后的结果，企业需要及时反馈给员工。这种反馈可以以面谈的方式进行，企业需要将处理后的结果告知员工，然后听一听员工的想法，了解员工会有什么反应。在面谈的过程中，负责人应该将得出这个处理结果和解决方案的详细流程告诉员工，并且对得出结果的原因做出合理的解释。

需要注意的是，信息的反馈包含了两个方面：第一个方面是个人反馈，第二个方面是群体反馈。个人反馈，一般是指个人对绩效考核与薪资不匹配的问题进行反馈。最常见的就是，个人感觉绩效考核不公，或者薪资发放不公。针对这类情况，公司在调整后进行面谈，向员工说明情况即可。群体反馈，简单来说就是企业在收集反馈信息之后，整理总结出大家最关心的问题。这类问题具有普遍性和共性，在处理的时候往往需要更加复杂的流程。

针对群体反馈的问题，企业在完善制度的时候需要更加严谨，而且要及时将结果告知员工，如果员工依旧感到不满意，可以针对结果提出新的意见和建议，企业将再次收集新的信息作为进一步完善的参考。在讨论和优化制度的过程中，企业可以让员工代表参与新的设计，确保制度的完善和改进工作更具说服力。这个优化的过程可以反复进行，确保内部的绩效考核与薪酬激励管理制度越来越完善，越来越符合企业的战略规划，并产生更加积极的影响。当然，如果员工最后还是感到不满意，企业就需要安排人员与员工代表进行面谈，详细告知得出这一结果的细节和原因，尽可能说服对方接受最终的结果。

某公司在创业之初制定了一套相对完整的绩效考核与薪酬激励体系。十几年来，公司的运营一直非常不错，管理效率很高，还留住了一大批人才。可是随着企业规模的扩大，新员工的不断加入，原有的体系和制度已经不再适合企业，新加入的员工对于绩效考核的内容感到不理解，对于一些关键绩效考核指标也存在疑惑，还对薪资结构存有意见和想法。在他们看来，很多老员工无论是能力还是工作态度都比不上新员工，却享有很高的工资和职务，而且还可以获得股权奖励；新员工努力工作，输出了那么多的价值，做出了那么多的贡献，却要接受最严格的绩效考核制度还要拿最低的薪资。为此，他们提议进行改革，希望公司能够给新员工更多的权益。

管理层非常重视新员工的建议和意见，他们将收集到的问题、意见和建议进行整理和总结，然后针对性地做出了制度上的调整，比如在绩效考核上给新员工减负，然后提升新员工的基本工资和奖金额度。接着，公司将调整后的制度告知新员工，但还是引发了一些争议。不少新员工认为：绩效考核应该保持相对公平，不应该有新老员工的区别；薪资虽然需要划分等级，但必须综合绩效考核的评分来落实；表现出众的新员工，也应该获得职务晋升和分发股权的权利。公司为了安抚新员工，于是让新员工选出代表参加公司的会议，双方坐下来认真商讨，着手制定制度改革的措施。经过几次会议商讨，公司与新员工达成一致，新员工按照同等标准参加绩效考核，基本工资在原基础上提升10%，新员工如果连续2年都在绩效考核中获得优秀的评分，公司将会按照具体的情况给予职位晋升。如果有新员工为公司发展做出卓越的贡献——如研发了一项重要的新技术，或者完成了一个关键项目——公司将会给予股权奖励。

虽然绩效考核制度与薪酬激励体系需要保持稳定，但是它们并不是一成不变的，企业需要在发展过程中不断作出适度的调整，以迎合企业发展形势的变化。在改变的过程中，企业需要改变传统的官本位思想，主动邀请员工参与到制度调整和优化当中来，然后强化彼此之间的沟通，更及时、更完整地了解员工内心的想法，这样才可以确保绩效考核与薪酬激励管理体系不断贴合企业战略，并在可操作性上得到提升。

优化绩效考核与薪酬激励管理系统

实践是检验真理的试金石，任何一种制度是否具备可实施性，都需要在实践中去验证。企业在推行绩效考核与薪酬激励管理解决方案的时候，也要注意通过具体的实施情况来找出自身存在的缺陷与不足，然后对相关制度加以完善和优化，确保制度实施的长期有效性与科学性。

很多大公司几乎每隔一段时间就会进行细致的调研，公司的管理者和人力资源部会了解制度实施过程中存在的问题，然后针对性地做出分析并对相关制度进行优化。比如，国内一家公司在20世纪90年代初期迎来了高速发展，为了激励员工的工作积极性，公司为老员工提供了丰厚的薪水和奖金（在公司里工作满5年的老员工都可以获得很高的薪水），而那些同级别的新员工，工资只有老员工的一半。这样的薪酬结构帮公司挽留了一大批优秀的老员工，而且也刺激很多新员工留下来冲击5年工作经验这个标杆。大家的工作积极性非常高，公司的发展速度也一直维持在很高的水平。

然而，到了21世纪初，公司发现员工的工作效率越来越低，而且员工之间矛盾重重，很多新员工对老员工怨声载道。经过调查，公司高层发现不少老员工在工作满5年之后，就开始进入"养生模式"，他们不愿加班、不愿出差、不愿做复杂的工作，因为他们什么也不做，也能拿到高额的薪水，因此放弃了以前那种奋斗者的心态。新员工觉得，老员工不奋斗也能拿到高工资，自己辛辛苦苦工作，却只能拿到那么一点薪水，于是内心开始失衡，自然也跟着消极怠工。

公司意识到原来的绩效考核与薪酬激励管理制度出现了严重的漏洞，公司必须及时做出调整和优化，重新激发内部的活力。于是，公司开始强化内部的考核机制，消除老员工部分特权，只要老员工没有完成公司规定的工作指标，就无法获得高工资，连续两次考核都不过关的老员工会被降级处理，甚至予以开除。新员工只要考核成绩出色，就可以获得领取奖金和职位晋升的机会。公司通过这样的改革，有效地完善了原有的薪酬体系，还将其与绩效考核有机联系起来。

这个世界上不存在绝对完美的绩效考核与薪酬激励管理制度，因此制度优化是一个长期的过程，需要将其在实践中不断调整和优化，这样才能保证制度长期有效。

一般来说，绩效考核与薪酬激励管理优化可以从几个关键点入手。

第一个关键点是绩效考核政策参数。常见问题是，绩效考核指标体系的构建是否适合相关的岗位和员工，绩效考核指标的权重是否适合相关的岗位和员工。解决的方法是，对年度绩效考核指标以及权重进行调整，确保可以符合公司具体的情况。比如有的考核指标或许更加适合管理者，而不适合基层员工，有的考核指标权重更适合研发部门的岗位，而不适合生产部门的岗位。公司管理者一定要对其进行合理地调节与调整。

第二个关键点是薪酬激励管理战略要求。常见的问题是，企业薪酬职级的调整过于主观，而且相对僵化和死板，引发内部人员对薪酬是否公平存在质疑。比如有些公司十年前的目标是存活下来，而十年后的发展目标是成为行业前三，这个时候战略目标的变化也必须推动薪酬激励管理制度做出调整。如果还是按照十年前的薪酬模式管理员工，那么公司的内部激励制度就会失去效果。针对这种问题，最直接的优化方法就是结合内外部竞争环境来调整企业薪酬职级，同时按照企业薪酬战略进行调整。不仅如此，企业的薪酬职级每年都需要依据员工的绩效考核情况进行调整和优化。

第三个关键点是考核激励的有效性。常见的问题是，公司的绩效工资与员工考核结果虽然挂钩，但考核是否起到了应有的激励作用并不清楚，考核体系的宣传可能也没有到位。比如有的公司制定了明确的考核制度，可是考核不严格，宣传也不到位，导致员工仍旧缺乏明确的工作意识。解决这些问题的方案就是对年度考核结果进行数据分析，然后按照分析结果进行调整，确保考核激励的有效性。

第四个关键点是薪酬激励有效性。常见的问题是，公司的工资制度、年薪制度和年终奖制度在实施过程中，往往难以产生有效的激励。比如有的公司制定了多元化的薪酬模式，但是薪酬奖励的级别普遍偏低，员工根本感受不到公司的诚意，因此大家的工作积极性并不高。针对这个问题，解决的方法就是对薪酬模式和参数进行调整，避免薪酬激励失效。

第五个关键点是任职资格内容科学性。常见的问题是，明确任职资格往往需要一个长时间的试点，任职资格管理价值也需要较长时间才能凸显出来，短期内可能无法做出有效的定义和评判。解决这个问题的方法很简单，那就是依据组织结构调整和职位管理要求完善任职资格内容。比如很多公司在定义任职资格时只花了很短的时间，因此在实际的执行过程中，发现职位不匹配的问题非常严重，这个时候最好的办法就是延长试点时间，然后依据具体的效果做出评判。

以上五个关键点基本上可以代表绩效考核与薪酬激励管理优化的内容。企业想要构建一个更加完善的考核激励制度，就可以从这五个关键点入手，找到相关的问题，并制定合理的解决方案，这样才能有效保证绩效考核与薪酬激励管理制度长期发挥出应有的作用。

特殊人才可以采用特殊的管理方法

在绩效考核与薪酬激励管理制度推行的过程中,公平性、统一性是非常重要的原则。在同一部门和同一职位,大家面对的绩效考核与薪酬激励管理制度都是一样的,这种公平性有效保障了制度顺利推行,并对整个企业的发展带来积极的影响。

不过,企业所强调的公平并不是绝对意义上的公平。某些时候,存在一些特殊情况,制度的实施也需要依据这些特殊情况做出调整,避免陷入盲目的统一和僵化之中。

比如,某公司招聘了一位技术研发人员,这位研发人员入职三年,几乎没有为企业创造任何的收益,每天还要消耗公司大量的资金和资源。许多人开始质疑领导的决定,认为这样的人招进公司毫无作用,按照公司内部推行的绩效考核与薪酬激励管理制度,应该将其予以开除。

事实好像确实如此,公司内部的员工都是按照具体的业绩来领取工资和奖金,员工这个月完成了多少任务,生产和销售了多少产品,创造了多少收益,公司就会针对性地给予什么级别的奖励。但是,运用常规的绩效考核与薪酬激励管理制度,对研发人员进行评估真的合理吗?

显然不合理,因为研发人员的研发工作和技术价值有时候是难以衡量的,人们无法对其进行量化考核,而且研发工作并不能在短期时间内见到效益,因此关于创造效益的考核也不能按照常规模式来进行。很多人觉得这位研发人员浪费了三年时间，但是研发工作是一个技术积累的过程，也是一个不断寻求技术突破的过程，到了第四年或第五年，这位研发人员研发出一种具有变革性的新技术，将公司的生产效率提升了30%以上，还将公司打造成市场上最具竞争力的企业。

绩效考核与薪酬激励管理制度需要满足特殊人才的工作需求和发展需求，整个体系和制度的建立要具有一定灵活性。具体来说，这些特殊人才基本上很难进行量化考核，他们的工作具有一定的特殊性。比如一些负责人力资源管理和协调工作的人，他们在公司内做了大量资源整合的工作，所创造的价值有时候无法给出一个具体的考核数据，因此在考核与激励时，要保持一定的弹性。还有一些长期从事技术研发工作的人，他们的价值也许需要几年甚至十几年时间来证明，工作周期、工作业绩都不好量化处理。那么，这就要摒弃传统意义上的"做多少给多少"的绩效考核与薪酬激励管理模式，或许应该从长远的价值与收益来评估员工的绩效。

在很多时候，公司可以按照阶段性成果进行奖励，而不是等到员工完成工作任务后才给予奖励。比如，针对研发人员的考核可以了解员工的创新进入到哪一步、取得了哪些成就、获得了哪些经验积累和技术积累，这些都可以进行考核与激励。此外，在考核的时候，还需要适当调整考核期限，实行弹性工作制。

除了绩效考核不好量化的情况之外，有时候人才的标准也不好评定。有的公司在对待人才时，会按照具体的学历和资历来设定薪酬标准，学历更高、工作时间更长的员工，往往薪酬级别更高，获得的报酬也越多。事实上，一些特殊的人才，可能没有什么学历，工作时间也不长，但在某些方面的确拥有过人的天赋，能够做到其他人无法做到的事情，创造独一无二的价值。对于这样一些特殊人才，如果还是坚持按照所谓的标准进行考核与激励，可能就会产生考核不公、激励不公的情况。因此，针对那些特殊的人才，企业还是应该坚持以对方的能力为基础，按照对方做出来的业绩进行考核，拒绝僵化地执行某一种固定标准。

公司要丰富考核的维度与激励的维度，不要使用单一的模式进行考核，也不要使用单一的薪酬模式进行激励。比如考核的时候，可以看对方具体做了什么工作，做出了多少业绩，还要综合对方所做工作的长期价值进行分析，要结合工作周期进行考核。在奖励的时候也是一样，不要总是用单纯的工资、年终奖来激励员工，可以加入年中奖、股权、晋升等多种激励方式。

条件允许的情况下，公司可以成立专门的部门对特殊人才进行管理，这样做就能够确保特殊人才得到特殊照顾，能够拥有特殊的工作环境。目前有不少公司在吸纳身怀绝技的特殊人才时，会构建一套独特的评价方式，公司会专门组建诸如"特殊人才职称评价组"这样的专业考核团队，让公司高层和内部精英直接参与考核，评价组会通过"专业性、技术性、创新性、实践性"等指标对其进行衡量。在考核与评估的时候，人力资源部还会给予特殊人才一些照顾，考核的情况与薪酬激励管理的具体措施则会上报给公司最高领导层审批。

总之，企业需要考虑特殊人才的一些特殊能力与价值，在制定绩效考核与薪酬激励管理制度的时候，最好可以适当进行区分，保持制度推行的灵活性和特殊性，以确保特殊人才可以获得更大的激励空间。

第八章

坚守绩效考核与薪酬激励解决方案的基本原则

绩效考核与薪酬激励管理

严格按照公平公开的核心原则办事

构建一个完整的绩效考核与薪酬激励体系，有助于企业实现战略目标。不同的企业会有不同的战略需求，会有不同的发展模式，因此，无论是绩效考核，还是薪酬激励，都会提出不同的制度或者解决方案，但无论怎样调整和变化，企业都必须坚持公平、公开的原则。从企业管理和发展的角度来分析，制度的设立本身就是为了管理相关部门和员工，绩效考核制度与薪酬激励制度都拥有这样的目的。而在管理当中，员工往往会非常重视自己的合法权益，他们会思考自己需要做什么、需要怎样做、自己应该获得什么报酬，与别人相比，自己所做的工作与所得的报酬是否合理，企业制定的考核标准与薪酬标准是否合理。

这些问题的本质就是公平和公开，公平强调的是内部的相对统一。比如某企业同时招聘了三位销售员，分别是员工A、员工B、员工C。工作一段时间之后，员工A发现自己的待遇和一同入职的员工B、员工C相比，差距非常大。员工A认为，自己和另外两个人同时入职，做的工作也都差不多，而且自己的销量比其他两个人要多出很多。为什么员工B在年底的时候拿到了3万元的年终奖，员工C拿到了5万元的杰出新人奖，自己却一无所得？员工A越想越气，于是跑到人力资源部去求证，结果发现不仅仅是年终奖，自己每个季度的提成都要比其他两个人少20%左右。后来，经过同事的提醒，员工A才知道，原来员工B是公司某位高管的亲戚，因此受到了特殊照顾；员工C是某位大客户高管的儿子，公司为了维持良好的合作关系，自然会照顾员工C。

了解内情之后的员工A，直接向公司提交了辞呈。公司高层想要加薪挽留员工A，但员工A觉得自己不愿在这样一个缺乏公平氛围的环境中工作，也受不了公司内部这种任人唯亲的风气，于是委婉拒绝了公司的挽留。

公平性是员工最看重的一种特性，因此企业在打造管理体系，尤其是绩效考核与薪酬激励体系时，一定要注意维护内外部的公平。企业内部一旦出现不公平现象，员工的积极性就会遭到打击，业绩也会受到影响。不仅如此，公平问题可能会导致内部的撕裂，导致整个企业的管理和运营出现问题。

需要注意的是，任何一种制度都不可能真正做到绝对意义上的公平。首先，相关的制度条文不可能涵盖员工所有的工作内容，不可能准确地对各个指标进行量化考核，总有一些考核指标是需要定性分析的，而这些定性分析的指标难免会存在主观评估的倾向。其次，无论是绩效考核，还是薪酬激励，都不可能完全实现统一，不同的岗位、不同的人、不同的状况下，都要做出不同程度的调整。如果完全按照统一的标准来实施，反而会压制员工的个性和工作积极性，导致更大的不公平。最后，考核工作和奖励工作都是由人来执行的，而个人在评分的过程中，不可能真正做到一碗水端平，在很多时候还是免不了会因为亲属关系、个人喜好、个人状态等原因出现一些偏向性的评价。

除了公平性原则，公开性原则也是绩效考核与薪酬激励体系中的重要原则。公开性主要是指相关的内容、标准、指标、流程、方法、时间都必须做到公开。员工在参加绩效考核之前，就需要了解绩效考核的相关内容和流程，需要了解绩效考核的指标和考核的标准。考核者应该提前告知员工具体的考核事项，考核结果的评估、考核结果应用同样要做到公开。同样地，有关薪酬激励的措施也需要让员工提前了解，企业不能对员工有所隐瞒。总之，参加考核的人有权知道绩效考核流程与具体的薪酬管理模式，只有保持足够的透明度，才能够发挥出考核与激励的作用。

公开性原则本身也是为公平性服务的，有的考核者将绩效考核与薪酬激励的相关内容对少部分亲近的人公开，这样就会导致其他人对相关制度的公平性提出质疑。比如，有些企业在制定绩效考核与薪酬激励体系后，会将基本的流程告诉少部分被考核者，或者只告诉少数管理者和骨干成员，基层员工对此可能一概不知。这个时候，基层员工可能根本不清楚自己要做什么，重点应该关注什么指标和内容，甚至连基本的工作流程也不清楚，自然无法更好地取得绩效分数。此外，还存在这样一种情况，基层员工会认为自己的工作表现很出色，但考核者故意隐瞒考核信息和奖励信息，导致员工无法获得相应的报酬。这个时候，他们就会觉得上级领导或者考核者在故意针对自己，从而产生抗拒和消极工作的心理。

不过，公开性原则并不是要求相关制度必须做到绝对意义上的公开，绩效考核与薪酬激励本身就具有一定的局限性，企业中的各个部门可能会按照自身的情况制定适合自己的制度或解决方案，而且在内部是公开的，但对外没有必要做到完全公开。同样地，一些大公司的子公司可以依据自身发展情况制定绩效考核与薪酬激励体系，体系的内容、流程、方法也没有必要向其他子公司公开。

总之，构建绩效考核与薪酬激励体系的目的是保证组织内部的运行效率，确保员工可以为实现企业战略目标和年度目标而奋斗。而想要引导员工保持良好的工作势头，就要在制度上产生更强的说服力，一旦员工产生了质疑，相应的制度也就失去了约束力和激励作用。

逐级考核、综合考核、全面考核

在构建薪酬激励体系时，往往需要合适的绩效考核体系来搭配。薪酬激励体系往往建立在完善的绩效考核体系基础上，没有完善的科学的绩效考核体系，薪酬激励的效果也会受到影响。

那么，如何打造一个完善的绩效考核体系呢？或者说，如何彰显绩效考核体系化的特征呢？通常情况下，打造绩效考核体系需要明确绩效的目的是什么，然后管理层会围绕这个目的建立相应的体系，针对考核结果制定相应的奖惩措施。企业还需要计算考核成绩并做出合理的评价，因此这需要更多的数据来支撑，也需要引进管理软件来支持绩效考核。

其实，除了了解基本的流程之外，在打造考核体系的时候，一定要注意考核的基本形式。一般来说，考核的基本形式具有以下三种：

——逐级考核

逐级考核强调的是上级对下级的考核，职能部门也由其上级考核，这是逐级考核的基本方式。简单来说，某个员工或者某个部门的考核，往往由上级管理部门负责，比如某单位车间员工的考核工作可以让上级主管来负责，这个上级主管通常会进入考核小组之中，甚至担任部门内考核的小组长。同样地，某部门的考核可以由上级管理部门负责，就像生产部门由生产管理部门考核一样。

逐级考核的优势在于，上级往往对职能部门的生产活动负有直接监督、指导和管理的责任，上级拥有更大的约束力，能够规范职能部门的行为。考核者与被考核者之间需要加强沟通，两者之间需要通过更多的沟通来完善考核的结果，因此由上级充当考核者的角色无疑可以更好地完成沟通工作。此外，由于上级对员工的工作非常了解，无论是绩效考核流程的设定、内容的设置、指标的选择，还是后面针对员工自评，都可以进行更精准的把握。

需要注意的是，逐级考核也有一定的顺序。首先，公司一般会先对基层进行绩效考核，基层部门领导会对下属进行绩效考核；其次，在完成基层绩效考核之后，公司会对中层进行绩效考核，中层管理人员一般会受到上级领导的直接考核；最后，高层的绩效考核通常由董事会出面参与。总之，整个企业的绩效考核流程是一个由下而上的过程。

—— 综合考核

综合考核是指绩效考核时，企业需要综合更多考核者的意见和建议，或者安排更多的考核者来评分。比如在绩效考核评分的时候，员工需要先进行自评，然后由上级部门结合员工的具体表现以及自评分数，给出一个总的评分，最后将这个总的评分上交给人力资源部。员工如果提出异议，还可以向上申诉，然后双方在面谈和沟通中，确定最终的分数。不过，很多时候无论是自评，还是上级的考核评价，都可能存在一定的主观性，为此可以让更多人参与到对员工的考核工作当中来，让同事、下属、客户、合作伙伴等人给员工打分，这样就可以使考核结果更加客观公正。

综合考核还涉及考核权重的分配，比如基层考核侧重目标管理，但目标管理的考核权重一般是60%，出勤率和工作态度的考核权重占据40%；部门考核一般以部门职能发挥和部门管理、月度目标完成情况、部门协同三个方面为主，三者的权重分别是35%、45%、20%；管理层考核包括管理层月度考核得分与部门月度考核得分，两者的权重分别是30%和70%。

—— 全面考核

全面绩效考核的内容和形式不能过于单一,考核的指标和维度应该多元化,不能针对某一个考核指标的评分就判定某个人的工作绩效,而要全方位地对被考核者进行审核与评分。一般来说,考核者应该设定多个指标,并且综合不同的指标来做出评价。比如某个员工在人际关系的处理上考核分数不高,考核者就认定这个人不合群,无法完成团队协作任务,并直接将他踢出团队。这样的做法明显过于偏激,毕竟评价一个员工是否合格,是否可以为公司创造更大的收益,还需要考核其他指标。假设这个员工的技术水平非常高,而且在创新研发方面具有很强的天赋,那么在考核与评价的时候,就应该综合这些方面的优点和分数。通常情况下,考核者需要设定不同的关键指标,然后每个指标的权重需要进行合理分配。

全面考核往往是针对被考核者的德、能、勤、绩、廉多个方面的表现进行考核,而不是像过去一样,仅仅停留在员工做了多少工作、工作的具体表现怎么样。按照全面考核的观点,员工的工作态度、价值观、道德素养也会纳入考核指标当中。

总的来说,绩效考核需要注重体系化,只有形成一个体系,绩效考核才能够发挥应有的作用。为了实现这个目的,在绩效考核过程中就要将逐级考核、综合考核与全面考核结合起来。

个人与部门考核的有机结合

在构建管理体系的时候，往往需要遵循个人管理与部门管理相结合的原则，这样才能更好地发挥管理的作用，也才能够更好地保障管理结果的客观性、合理性、有效性。在构建绩效考核与薪酬激励体系时，同样需要把握这个原则。

在绩效考核中，个人考核与部门考核应该综合起来考虑，因为个人的工作本身就是建立在部门工作体系之中。企业的战略目标和年度目标在分解之后，会变成部门的年度目标，而部门年度目标又会继续分解到各个不同的岗位上。从这个角度来看，个人的工作目标本身就是建立在部门目标实现的基础之上。个人在完成工作任务的同时，需要兼顾部门的工作目标是否能够实现，也要注重与其他同事进行配合，而不是一味单干。个人的工作不能游离在团队体系之外，否则个人的能力再强，工作表现再出色，也无法转化成为部门的效益，而且还可能阻碍部门目标的实现。

正是因为如此，在对个人进行考核的时候，往往会将个人绩效与部门绩效相挂钩。比如很多管理者在参加绩效考核的时候，整个绩效评分会分成两个部分：第一个部分是个人的工作绩效，第二个部分是所管理部门的工作绩效。和其他员工一样，管理者也会有自己的绩效考核内容以及相应的指标，主要包括自己的管理目标是否实现，个人的工作状态是否出色，个人的管理能力是否合格，个人的道德素养是否达标等。管理部门的工作绩效是指部门的收入、成本控制、服务质量等指标。一般来说，管理者的个人绩效与部门绩效会有不同的权重，最终的评分会按照权重来打分。假设某个管理者的个人绩效评分为8分，个人绩效权重为40%；团队绩效评分10分，权重为60%。那么，这个管理者最终的得分就是：8×40%+10×60%=9.2分。

除了管理者，部门内的普通基层员工也需要将个人绩效与部门绩效综合起来考核，员工的绩效考核评分需要综合个人绩效考核分数及部门绩效考核分数。假设某个员工的个人绩效考核非常出色达到了9分，但是部门绩效考核比较糟糕，只有6分，那么按照个人绩效只有70%的权重来算，该员工的绩效考核总得分是：9×70%+6×30%=8.1分。

个人绩效考核与部门绩效考核的结合，有助于培养员工的团队意识，提升内部的协作水平，能够推动战略目标和年度目标的顺利实现。

构建一个完整的有效的薪酬激励体系需要确保个人绩效薪酬与团队绩效薪酬的结合。个人可以按照绩效考核或者所做的贡献获得奖励，包括拿到基本工资、绩效提成、奖金、福利以及股权。但个人在获得薪资奖励时，往往需要结合团队的表现以及薪资进行考量。

个人的薪资标准往往和部门考核成绩相关联，部门考核成绩出色而且个人表现也非常出色，员工获得的薪资奖励可以适当增加。如果员工的个人考核非常出色，但是部门考核不佳，个人的薪酬会受到影响。比如，一个员工本月的绩效考核非常优秀，获得了10000元的薪资；第二个月他完成了同样多的工作，也达到了同样的考核分数，却拿到了12000元的薪资。为什么薪资增加了？原来，部门的成绩在第二个月增加了。相应地，员工的薪酬也会得到提升。在很多时候，部门内部会设定相对独立的薪酬体系，比如内部的奖金和福利，只要部门的效益好，那么整个作战团队都可以获得绩效奖励，团队中的个人自然也不例外。

在上面的例子中，个人获得基础薪资基本上是固定的，但是可以获得部门绩效考核带来的额外奖励。可以说，个人薪酬与团队薪酬的结合往往是绩效薪酬的结合，只要整个部门或者团队的绩效考核达标，甚至超额完成，那么部门内部的每一个员工都会享受到部门绩效考核达标的红利。现在有很多企业都采取这样的薪资模式，企业对于那些绩效考核分数很高的部门会给予"照顾"，将企业部分收益分配给这个部门用作奖励。部门负责人会依据内部员工的具体表现将这笔钱进行合理分配，或者会留下一部分钱，用于平时的聚餐活动和工作奖励。

除了额外奖励，一些员工的薪酬是按照企业的薪资分配标准与内部薪资标准相结合的方法发放，两种薪资标准有着不同的权重。比如一个员工按照企业考核的业绩标准可以拿到8000元的工资，但具体的薪资还需要考虑部门内部的薪资标准。部门内部规定，一旦业绩达标就可以获得6000元。假设企业薪酬标准的权重为60%，部门薪酬标准的权重为40%，那么员工最终的薪酬是：8000×60%+6000×40%=7200元。

无论是绩效考核还是薪酬激励，最重要的是将个人与部门结合起来，确保个人的行为与部门的行动保持一致，确保个人的目标与部门的目标保持同样的方向。这种结合，其实向员工传递了集体主义和团队合作的价值观，让他们意识到：个人的表现无论有多么出色，都要确保对部门发展产生积极的促进作用，都要保证个人的绩效贴合企业的战略目标和部门的考核目标；如果个人只想多生产一些产品、多销售一些产品，或者多为企业做一点事，而罔顾内部的协作，甚至偏离部门的工作方向，就可能导致个人输出更多的无效绩效。

需要注意的是，在结合个人与部门的表现来推行绩效考核，或者实施薪酬激励制度时，需要尊重和保护员工的基本利益，要懂得为员工的发展需求提供更大的助力，不能一味要求员工必须配合团队的运作，甚至为了实现团队的利益而牺牲个人的利益。当员工的利益受到损害之后，可能就会导致他们丧失工作积极性，并对部门和企业失去忠诚。

第八章　坚守绩效考核与薪酬激励解决方案的基本原则·

坚持以人为本，提高员工的积极性

绩效考核与薪酬激励体系的构建，不只是为了实现企业的战略目标，也是为了激发员工的工作积极性。人是最基本的要素，也是最重要的要素，无论是绩效考核还是薪酬激励都是围绕着不同的人来展开的。更进一步说，企业的战略目标是否能够得到实现，也建立在人的基础上。没有针对具体的每一个人进行绩效考核，没有针对具体的每一个人制定合理的薪酬结构，人的效用就会弱化，对企业发展的推动作用也会丧失。

正因为人是整个体系中的基本要素，在制定绩效考核与薪酬激励体系的时候，才需要坚持围绕着人的需求来展开。具体来说，就是要坚持以人为本，坚持以员工为本，凡事以员工的利益为主。

那么，怎样设计才能让绩效考核与薪酬激励体系体现出以人为本的理念，或者说以人为本的理念具体体现在制度的哪些方面呢？

第一，以人为本就是把人放在最重要的位置上，将人当作第一生产资源。所有的制度和管理方式都要围绕如何最大化激发人的潜能来设计，要充分调动人的积极性和潜力。在设计绩效考核与薪酬激励体系的时候，相关的制度或者解决方案一定要凸显出"激发潜能"的特性。无论是绩效考核的内容、指标、考核流程设定，还是薪资结构、薪资内容的设定，都要具备一定的激励作用，确保员工的积极性与个人能力不断得到提升。

比如，一家制造公司成立之后，创始人招聘了大量的专业人才，打造了一支规模庞大的人才队伍。令人意外的是，这家公司的发展水平不低，给员工开出的工资却不高。按照公司负责人的说法，公司大部分的工作都是机器完成的，员工只负责设计和操作机器，没有理由获得那么高的工资。因此，公司每年都会花费很多资金购买新的机器，却不愿意给员工增加工资。

也正是因为如此，员工的工作积极性很低，平时很少有人会主动汇报工作中出现的问题，就连机器出现问题了，也不会主动向上级反映。在他们看来，自己拿这么一点工资，就只能做一点工作，其他的事情是公司管理层应该考虑。不仅如此，公司仅仅运营2年，就面临大量人才的流失，公司常常面临无人可用的窘境。临时招人也无法解决问题，因为大家对公司的负面评价越来越多，认为在这家公司上班根本无法得到成长，很多人都将这家公司列入应聘黑名单。眼看公司的发展越来越糟糕，口碑越来越差，公司的老板不得不做出让步，大幅度提升员工的工资，并且承诺给那些绩效考核成绩出色的员工升职。

第二，在传统管理中，管理者认为人是被动执行命令的人，是需要制度来约束的，只要按照制度和指令去完成任务即可。因此，无论是绩效考核还是薪酬激励，大都是按照管理者的主观意愿来安排和设计的，而这样往往会挫伤员工的积极性和主观能动性，扼杀员工的创造力。为了真正激发员工内在的潜力，就需要在制度上做出变革和调整，要懂得让制度去适应人、满足人，而不是让人去适应制度。管理者制定制度的时候，一定要尊重人的意愿，要迎合并满足人的基本需求，要懂得倾听员工内心的想法。也就是说，无论是绩效考核制度，还是薪酬激励制度，都要迎合员工的需求来设计和落实。

按照马斯洛需求理论，每个人都有不同层次的需求，包括生理需求、安全需求、社会需求、尊重需求、自我实现需求。因此，一个好的制度应该想办法满足员工最基本的吃穿住行需求，还应该满足员工的尊重需求，让他们感到自己是被人需要的，是有价值的。对于那些寻求自我发展、自我实现的员工，企业就应该在制度上提供更大的保障，为员工提供更多实现自我价值的平台，为他们实现自我价值提供更多的帮助，创造更好的机会。科学的制度会围绕员工的内在需求发挥作用，它明确地知道员工需要什么，希望得到什么，并及时给予满足。

比如，某公司在创业之初，给所有员工开出了高薪，薪资的水平高出行业水准20%。这样的高薪模式的确激发了员工的工作积极性，企业很快就步入高速发展通道。可是随着企业的不断发展，员工的工作激情慢慢下降，大家变得不爱加班，不喜欢出差，不喜欢做费时费力的工作，各种管理问题开始凸显，那些骨干员工的这种表现更加明显。公司的管理者试图通过增加工资的方式来提升员工的积极性，但效果甚微。无奈之下，公司只好向管理咨询公司寻求帮助，管理咨询公司很快指出了问题所在：员工消极工作的原因就是高工资引起的。

原来，当公司不断用高薪刺激员工的时候，员工对于薪资的需求已经减弱，尤其是一些老员工，他们对于工作的第一追求并不是高工资，而是新鲜感、挑战以及自我实现的需求。管理咨询公司建议这家公司的老总与骨干员工进行面谈，了解对方的真实需求，然后尽量为他们设置一些富有挑战的目标。比如给他们提供新的项目，并让他们负责项目的运作，或者让骨干员工参与一些重大项目，并主动向他们寻求建议和意见，为他们提供新的奋斗平台和实现价值突破的机会。

公司的老总听取了管理咨询公司的建议，他按照骨干成员的技能优势和岗位特征，分别安排了不同的项目，设定了相应的绩效考核内容，并且强调如果项目成功，参与项目的员工将有机会获得职务上的提升。员工的工作积极性很快被激发出来，整个公司重新恢复了活力。

第三，要改变原有的雇用与被雇用关系，建立以劳动契约和心理契约双重纽带的新型合作关系，将员工变成企业的合作伙伴，实现企业与个人的双赢。因此，在设计绩效考核制度或者薪酬激励体系时，要懂得从员工发展的角度出发，帮助员工做好职业生涯规划，帮助员工完善个人的发展目标，并为员工实现人生目标提供足够大的助力。

许多企业在招聘员工的时候，往往将员工当成雇用者来对待，认为自己只要支付了报酬，就可以随意使唤员工，可以让员工按照自己的意志行事。在制度的制定上，都是要求员工必须做什么，必须怎样做，所有的规定都是从企业发展的角度来设计的。这样的制度往往显得不够人性化，会人为制造企业与个人之间的距离，员工感受不到太多的认同感和归属感，因此很难全身心投入工作当中去。好的企业制度，好的绩效考核与薪酬激励制度，应该多站在员工的角度来思考问题、解决问题，应该在贴合企业战略规划和战略目标的同时，迎合员工个人的发展需求与规划，应该想办法激励员工构建自己的人生目标，并为员工实现个人长远目标创造更多的条件。

总之，任何一种制度的设定都不应该是冰冷的条条框框，坚持以人为本应该是企业管理的核心，也是企业发展的一种基本形态。

不要忽略体系建设的经济性原则

企业的运营和管理往往离不开资金的支持，没有资金或者说没有充足的资金支持，企业的发展就会成为空谈。正因如此，在制定各种制度的时候，必须考虑经济因素，要确保相关的制度在落实的过程中不会产生太大的负面影响，不会给企业带来经济上的负担。

从企业发展的角度来说，经济性原则是一个不可忽视的重要原则，也是企业制定制度的一个先决条件，在设计绩效考核与薪酬激励体系的时候，需要考虑经济适用的原则。

绩效考核制度的设计坚持经济性原则主要体现为几个方面。

首先，尽可能制定简单高效的绩效考核制度。简单高效的绩效考核制度可以节省更多的开支，减少绩效考核制度在落实过程中的成本消耗。管理往往是需要成本的，越复杂的管理模式，企业需要支付的成本往往也越高。在构建绩效考核体系的时候也是如此：设计考核方案可能需要邀请咨询公司帮忙，这需要一笔很大的开支；一些企业制定的考核方案可能需要借助IT平台来实现，购买软件的成本不可避免；管理者在正式落实绩效考核时要花一定的时间，组织考核沟通也需要花时间，记录关键事件作为考核信息也要花时间，而花费的时间越长，企业消耗的成本往往也就越大。

正因如此，企业必须想办法优化绩效考核的流程，不要总是想着通过复杂的体系来完善考核内容，有时候流程越简单反而越有效果。企业在设计流程的时候，要优化每一个环节和细节，在保证考核效果的时候，尽量减少不必要的组织、流程、内容和指标。

其次，不同类型、不同发展阶段的企业，要制定不同的绩效考核制度。比如刚刚成立的初创型企业，绩效考核不需要太复杂的流程，也不需要太多的内容和指标，只要把握几个关键绩效指标就行，就像生产型企业只要考核产量就行，如果设置更加复杂的考核体系，可能会严重影响考核的效率，增加考核的成本。又如一些规模较大的企业可能会选择360度考核法或者KPI考核法，微小企业在绩效考核时就不需要采用那么复杂的方法，等级考核法、序列比较法就可以。这些方法相对简单，考核时不需要太多的消耗。

最后，绩效考核工作不能拖延。无论是绩效考核的准备、考核工作的实施、考核的评估、考核结果的反馈和应用，都要保持连贯性，按照既定顺序去实施和执行，不能随意中断和拖延，因为拖延的时间越长，绩效考核的成本就越大。通常来说，企业需要做好绩效考核的准备工作，做出合理的规划，确保绩效考核流程的顺畅。

总之，绩效考核制度强调经济性，更多的是强调整个体系的成本消耗，企业需要按照自己的实际情况制定更为合理、更为高效的制度。

薪酬激励体系设计的经济性，强调企业在设计薪酬激励体系时，必须充分考虑企业自身发展特点以及资金分配能力，平衡企业、股东和员工利益的关系，平衡企业的短期和长期发展关系。为了打造更加合理的薪酬激励体系，企业要摆脱那种"钱给得越多，员工就越卖力"的错误管理思想，不要总是单纯地将员工的薪资与绩效、能力以及职位结合起来，还要对薪资进行核算。一般来说，企业在进行薪酬激励体系设计的时候，需要提前进行人工成本测算，将人工成本控制在一个合理范围内。

首先，要明白高薪并不意味着就一定可以吸引人才，那些不计代价的高薪政策往往会将企业推向困境。企业的管理者要明白，吸引人才的方法有很多，高薪只是其中一项，良好的工作环境、给予员工尊重、为员工提供更好的发展平台、为员工提供更好的职业规划，这些都可以吸引并留下人才。因此，企业必须优化薪资结构，适当增加一些非物质奖励的激励模式，比如职务晋升、给予员工独立带队的机会、给予员工负责某个重要项目的机会。

其次，强化人工成本测算，详细分析人力资源投入产出关系，增加绩效工资的比例。员工的薪资需要按照绩效考核的成绩来发放，绩效考核分数高，为企业创收更大的人，获得的薪资也相应地要提高，而那些为企业做出贡献较少的人，绩效工资也相对要少一点。员工的薪资必须和产出相挂钩，按照实际的产出来合理发放薪资，而不是一味地按照高薪的方式去满足员工和激励员工。

最后，企业在进行薪酬激励体系设计时，要根据行业特点以及公司产品竞争策略制定适合的薪酬策略。不同的企业需要设计不同的薪酬激励体系，需要设计不同的薪资标准：资本密集型企业人工成本的比重较小，那么可以适当提高工资，提升员工的工作积极性，保证更高的绩效；劳动密集型企业人工成本比重较大，制定薪资标准时，最好结合市场行情；知识密集型企业人工成本占总成本的比重较大，但高素质人才同样是企业最重要的资产，因此企业要想办法支付更具吸引力的薪资，但也要按照员工具体创造的价值来考量。一般情况下，可以制定符合行业标准的基本薪资，然后增加绩效工资、提成、奖金以及股权分配的比重。

薪酬策略的制定除了结合企业类型、行业标准之外，还必须考虑公司的财务运营情况。如果财务状况好，那么适当增加薪资无可厚非；如果财务比较吃紧，那么就要严格控制好薪资分配。

总之，无论是绩效考核制度，还是薪酬激励制度，在设计的过程中，都要懂得测算具体的成本和开支。要制定一套合理的算法，精准计算出落实制度的成本，并以此来评估制度落实后对企业管理和运营带来的财务压力。无论企业是否拥有充足的现金流，无论企业的经济状况如何，都要遵循经济性原则，始终坚持花小钱办大事的理念。

绩效考核与薪酬激励体系的差异化原则

在谈到绩效考核与薪酬激励体系的设计、落实时，会强调公平原则，也会强调制度的统一和规范，很多人因此会认为企业在打造绩效考核与薪酬激励体系时，会推出完全统一的制度。所有人都需要遵守一样的制度，需要按照同样的方法、内容和流程来执行任务，并获取同等的报酬。可是从企业实际的运营管理情况来看，无论是绩效考核，还是薪酬激励，都会出现一定的差别，不同的人之间存在一定的差异性，为此不少人会质疑这种差异化的原则会不会破坏内部的公平。

从企业管理的角度来说，保持制度设计与实施的公平性是一个基本原则，但公平并不意味着事事都要走平均分配的模式，统一也并不意味着所有的制度都要保持一致，企业制度的公平性与统一性往往是局部范围内的统一。比如同一个部门，同一个岗位，同级别的员工，他们的绩效考核和薪资结构基本上是相同的，包括考核流程、考核指标，基本薪资、提成和奖金的标准，这些大都一样。

就内部管理而言，制度上的差别首先在于等级上的高低，不同等级之间应当有鲜明的差别界限，考核的内容、方法、指标往往都是不一样的，而不同绩效考核的评分又决定了不同的人在工资、晋升、使用等方面具有明显差别。简单来说，一个公司的副经理或者部门经理，他们的考核内容与薪酬结构，肯定与普通员工不一样。普通员工在考核时不需要考核管理能力这样的指标，而且普通员工也不太可能获得股权激励，他们的基本工资与奖金也无法与副经理级别的管理者相媲美。反之，企业在设计制度时想要做到差异化，就要懂得设立等级制度，按照不同的职务和级别来划分等级，为差别化的管理奠定基础。

制度的差别还在于不同部门、不同岗位、不同职能的区别，生产部的员工与营销部的员工，在考核内容、考核指标、考核方法上肯定不会保持一致，双方的薪资结构往往也不同。一些岗位区别比较大的员工，他们的绩效考核与薪资激励方式会存在很大的差别。

此外，不同的人考评的方式和评语也千差万别。考评的人不可能对每一个人说同样的话，给出同样的评分，他们会针对不同的人制定不同的考评策略，给出不同的评分。为了确保考评可以产生更大的激励作用，面对不同性格、不同能力、不同岗位、不同级别、不同需求的人，考评者需要及时做出不同的调整。

需要注意的是，差异化的评分往往会引发一些内部的争议，为了更好地解决这个问题，就要主动制造差异化。严格来说，差异化的本质就是细化员工的需求，利用差异化原则放大员工个人的优势，从而更好地发挥员工的能力。因此，想要做到差异化，就要尽量改变单一的考评方式。简单来说，就是要求更多的考核者参与进来，从不同的角度对被考核者进行考核。除了被考核者的自评以及上级的考评之外，还可以让下属、同事、客户、合作伙伴等人扮演考核者的角色，做到全方位的考核与评估，从而有效避免单个人考核的笼统与相似，真正做到细化考核与差异化考核。员工自评建立在对自己一段时间内工作表现的基础上，多少带有一些主观性；上级领导的考核更多的是对员工在团队中的定位进行分析；同事与被考核者之间的关系往往最密切，彼此之间的交流也越多，因此相互间更加了解，他们的考评更加客观全面，也更具针对性；下属往往可以更好地发现领导们在管理上的不足，因此能够给出非常好的建议和意见，确保被考核者有针对性地得到提升；客户与合作伙伴可以以外部视野进行观察，给出客观的评分。当考核者不同，考核的角度不同时，员工身上的特点就会被细化，个人的差异化自然也就会凸显出来。

差异化原则还体现为不同企业之间的制度差别。一个企业不能直接照搬其他企业的绩效考核制度以及薪酬激励制度，不能按照其他企业的绩效考核与薪酬激励体系来打造自己的体系，因为企业的类型不同、发展模式不同、内外部的环境不同，企业面临的各种问题也不同，解决问题的方案也应该不同。

企业的制度设计应该符合自身的战略需求和发展规划，也应该符合自身的发展情况，要与企业文化、企业发展水平和实力相结合，形成具有自身特色的绩效考核与薪酬激励体系。

总之，任何一种绩效考核与薪酬激励体系都不可能完全保持内外部绝对的公平，保持差异化是企业生存和发展的必然选择。不过，为了推动差异化制度的落实，无论是绩效考核还是薪酬激励，过度的差异化往往会影响结果的准确性，尤其是当考核者纳入越来越多的考核和评估数据时，反而会让整个考核与激励机制变得更加复杂，误差也可能变大。因此，差异化也要坚持适度原则，要按照具体的情况来制造差别，一味过度制造差别，反而会破坏制度的规范与标准。

严格落实绩效考核与薪酬激励的相关制度

在谈到绩效考核与薪酬激励体系的相关原则时，严谨是万不可忽视的一个原则。对于企业管理者来说，无论是绩效考核制度，还是薪酬激励制度，都要按照严谨的态度和严格的程序来设计和落实。许多企业的绩效考核与薪酬激励制度之所以难以发挥作用，往往是因为在最初设计的时候就不够严谨，存在很多漏洞和弊端，导致制度在落实的时候无法完全发挥应有的功效。还有一些企业虽然设计了非常合理的制度，但在落实的时候不够严谨，没有严格按照流程和标准来执行，导致整个制度和体系陷入混乱。

如果绩效考核的内容、方法和流程不够严谨，那么整个绩效考核就会流于形式，考核的效用会大打折扣，根本无法达到预期的效果，甚至可能对接下来的管理工作产生误导。正因如此，企业在设计绩效考核体系时，一定要坚持严格设计和严格落实的原则。

在绩效考核的实施过程中，一定要做好准备工作，明确绩效考核的目标，明确绩效考核的内容、流程、方法和标准，严格按照考核的实际需求进行安排。考核小组的组建和具体人选的安排也要经过慎重的考虑，绝对不能盲目进行安排，更不能按照管理者个人的喜好来选人。

在落实绩效考核的时候，必须严格按照流程规定来实施，比如考核的标准和内容不能随意进行变动，考核者不能临时更改考核内容或者对考核流程进行粗暴的干涉。在考核的过程中，无论是考核者还是被考核者都要端正态度，严格按照考核制度中的相关规定和考核流程开展考核活动。

比如，同一个部门、同一个级别，岗位性质也相同的员工，如果他们之间的绩效考核内容相差很大，考核的标准也相差巨大，这就表明很多考核不严谨，而且存在考核不公平的问题。又比如，有的考核者没有按照流程进行考核，每次的考核流程都不一样，而且被考核者的考核指标也经常发生变动，这就表明考核者没有认真对待考核工作，随意性太强。

在绩效考核中，最容易引发争议的就是考核评价。考核者在评价被考核者的时候，必须按照具体的考核成绩以及各个绩效指标上的表现来评价，不能按照主观想法随意打分，也不能胡乱增加考核项目或者减少考核指标。考核者要尽可能保证客观和公平，严格按照标准给被考核者打出一个相对合理的分数。比如有的考核者第一个月给员工考核时，工作业绩的权重为70%，工作态度和道德素养的权重为30%；到了第二个月，工作业绩的权重为65%，工作态度和道德素养的权重为35%；到了第三个月，考核指标的权重又开始出现变化。这种随意变动的评分模式很容易摧毁整个考核体系的公正性与客观性。

薪酬激励的设计和落实也是如此，如果薪资结构、薪资内容、薪资水平不严谨，也一样会导致薪酬激励体系的崩溃，使得员工对于薪酬激励体系提出质疑。比如，员工两个月或者两个季度的工作量相差不大，评分也相差不大，两个月的绩效工资却差距很大，这就是典型的薪酬激励标准不统一。再比如，两个同级别、同部门的员工，在基本工资一样，但是绩效表现差距较大的情况下，却获得一样的工资，这也是薪酬激励标准不统一。有些公司规定绩效考核不达标的员工，绩效工资会相应地减少一部分，但在实际操作中，一些绩效考核不达标的员工可能会拿到100%的绩效工资，而一些绩效考核评分很高的人，在绩效工资上反而不占优势。

有的企业在设计薪资体系时，薪资标准模棱两可，以致管理者往往凭借主观意识强行变动，给内部的薪资公平带来很大的挑战。事实上，很多关于公平的争议都是因为公司内部的标准不统一，或者缺乏一个明确的标准。

除了薪资标准不统一之外，不清晰的薪资结构也会导致管理者混淆薪资结构，导致薪资发放不透明。比如公司规定，年度绩效考核达到优秀水平的员工，奖金额度不能超过5万元，但是一些管理者为了安抚和激励员工，可能会私自提升基本工资，将多出来的钱以基本工资的形式发给员工。

在这里，管理者名义上遵守了公司的薪资规定，没有给绩效考核成绩优秀的员工提供5万元以上的奖金，但是将不同的薪资形式混杂在一起，造成发放的奖金超过了5万元的事实。对于企业来说，任何薪资的发放都要严格按照规定的模式和标准去执行，每一笔薪资都要有明确的出处，绝对不能胡乱混合在一起，否则会对以后的薪资发放产生不良影响，破坏原有的薪资标准。

绩效考核与薪资激励制度在整个管理体系中占据重要的地位，如果绩效考核与薪酬激励制度存在较大的漏洞，而且实施的流程也不严谨，就会对整个管理造成冲击，也会对内部的员工产生一系列的消极影响，最终阻碍战略目标的实现。所以，管理者必须认真对待绩效考核与薪酬激励制度，在设计和落实环节都保持认真的态度，确保每一个细节、每一个环节、每一个流程都精确到位。

第九章

不同类型企业的绩效考核与薪酬激励管理

高科技企业的绩效考核与薪酬激励

如今在评价一个国家或者地区的经济是否发达，发展潜力是否巨大时，高科技往往会成为一个重要的衡量指标，高科技企业的质量和数量也会成为国家或地区科技水平的重要指标。正是因为如此，很多国家都大力扶持和发展高科技产业，为高科技企业的发展打造良好的环境。

高科技企业一般是指以高新技术的研发、创造和利用为主要形式，推动高科技人才资源的积累和运用，以达到持续创新目的的智力密集型企业。作为一种强调以知识资本为核心进行资源配置的组织形式，高科技企业往往具有一些鲜明的特点。

比如，高科技企业通常会提供一些社会前沿的技术、产品或者服务，对于社会的发展乃至社会变革都会起到重大的推动作用。例如，智能手机的出现改变了传统的手机键盘设置，将触屏手机以及手机APP应用推广到全世界，最终改变了人们的消费习惯和生活习惯。技术优势是高科技企业追求的目标，为了打造强大的竞争优势，高科技企业会围绕市场与客户，研发出更具竞争力的技术、产品，并且会努力确保核心技术是自己独有，或者只被少数竞争对手占有，从而达到占据更大市场份额的目的。从某种意义上来说，高科技企业之间的竞争并不是比谁的产品卖得更多，而是比谁的技术领先优势更大，对市场影响力更大。

对于高科技企业来说，人才永远是第一位的，所以企业的管理体系都是围绕着人才这个要素来转动的,在绩效考核的时候也是如此。为了激励员工更好地发挥自己的创造性,可以选择将技术研发能力、技术研发与市场结合能力、工作态度当成考核的重要指标。技术研发能力直接决定了技术的上限,这对企业技术优势的确立以及未来的发展有着很大的推动作用,因此考核者需要重点关注研发人员的技术研发能力。

不过,仅仅关注技术研发能力还是不够的,因为任何一种技术只有投入市场才能真正产生价值,如果技术研发与市场需求相脱节,那么技术研发只会带来大量的消耗,增加企业的财务负担。IBM(美国国际商用机器公司)以及贝尔实验室都曾是高科技企业的代表,但是由于过分痴迷于技术研发,使得它们的很多研发工作脱离了市场,造成了大量的资源浪费,在一定程度上推动了两家公司走向衰落。因此在绩效考核中,需要重点关注员工技术研发与市场相结合的能力,对于那些能够研发出满足市场需求的新技术的员工,企业应该给予更多的鼓励。

除了以上两个指标之外,工作态度也很重要。众所周知,高新技术的研发工作难度很大,即便是那些技术专业人才也常常会遭遇创新瓶颈,这个时候工作态度就显得非常重要。技术研发是难度很高的工作,人们不应该对研发工作心怀恐惧,更不能还没开始行动就给自己找各种失败的理由,技术研发人员应该勇敢尝试、不断挑战,这样才能帮助企业突破技术瓶颈。所以,高科技企业应该将员工的工作态度和状态纳入考核当中,鼓励员工敢于创新,敢于接受挑战。

同时,企业需要用完善的薪酬激励制度留住人才,需要用更具有激励性的措施来激发员工的创新积极性。企业可以打造多维度的薪酬激励模式,比如给予员工很高的基本工资,这些工资一般都是按照职级来发放,不同职务和级别的员工,所得的工资是不一样的。

除了基本工资以外,企业还应该设定项目奖,只要顺利完成一个研发项目,企业就会按照具体的职能分配、岗位安排以及贡献大小,给予相应的项目奖。那些在技术研发领域，给出了创新性成果的员工，企业应该及时发放创新奖。年度考核成绩非常出色的员工，可以获得年终奖，而在该年度表现非常出色，工作认真负责的员工，可以在工作过程中获得年中奖。还有一种最常见的薪酬激励方式，那就是股权激励，表现出色的员工有机会获得企业的股权激励。这是很多大型高科技公司最喜欢采用的激励方式，像微软、苹果、华为、阿里巴巴、腾讯、字节跳动，都设置了股权分配的激励形式。

很多高科技企业还会选择采用"宽带薪酬"模式。什么是宽带薪酬呢？这里的"带"指的就是工资级别，而"宽带"则强调工资浮动的范围比较大。简单来说，"宽带薪酬"就是将企业内部原本十几、二十几个薪酬等级进行压缩，变成几个薪酬等级。原来的模式中，薪酬等级虽然多，但是相邻等级之间的工资相差不大；薪酬等级被压缩之后，相邻等级之间的工资浮动范围会扩大，形成了一种新的薪酬管理系统及操作流程。宽带薪酬模式打破了传统的薪资等级结构，通过减少工作之间的等级差别，来提升员工的工作积极性，有助于提升企业的工作效率。同时，这种薪酬模式也推动了企业组织结构逐渐趋于扁平化，进一步放大内部的管理效率和经营效率，提升了企业的竞争力，并有助于提高整体绩效。

生产型企业的绩效考核与薪酬激励

制造业是我国经济发展的重要力量,我国有一大批生产型企业,包括机械制造、服装生产的企业,这些企业往往有着比较鲜明的经营特点。简单来说,就是想办法以最低的成本为客户提供符合质量要求的产品和服务。企业会在保证产品在规定期限内交货,并且不存在任何质量问题,且能够符合客户的各种要求的前提下,努力做好成本控制工作,通过降低成本来提升经济效益。

生产型企业在构建绩效考核与薪酬激励体系时,具有比较明确的导向性。生产型企业的产品属于竞争性产品,面临的竞争压力比较大,那么企业就会制定"以销定产"(按照合同和订单进行生产)的政策。这个时候,企业会将专注力放在履行现有的合同上,那么内部的绩效考核会优先考虑产品成本的控制问题,然后是产品的交货时间,之后才是产品的质量问题。这三个指标的考核权重呈现阶梯状下降趋势,其中产品成本的控制问题的考核权重最大,产品交货是否及时的考核权重次之,产品质量的考核权重最低。

为什么会这样?这是因为在产品竞争力不明显的情况下,很难赢得更大的市场份额。这个时候,企业会想办法在产品成本控制上做文章,可以适当减轻资金压力。如果执着于提高产品质量,只会增加更多的财务负担,而且即便把产品打造成市场上质量最好的产品,也无法从根本上改变产品竞争力不足、销量难以获得突破的现状。

但是，如果企业产品存在较大的竞争优势，产品的销量非常好，在市场上的认可度也很高，企业的运营模式往往会转变为"以产定销"（先确定生产指标，然后依据生产指标编制销售计划）。在这种模式下，产品质量是企业最为看重的考核指标，因为企业只有充分保证产品质量，才能更好地赢得客户的认同，生产出来的产品才会更好地销往市场。接下来则是看重产品成本，这直接关系到企业的利润。至于交货及时性的指标，虽然很重要，但是在尽可能扩大销量的前提下，它的重要性显然不如产品质量和产品成本。正是因为如此，这种情况下，产品质量的考核权重最高，产品成本的考核权重最低。

生产型企业的绩效考核体系会依据生产与销量的关系来制定，并依据两者之间的关系转变来做出调整，这是它的一个显著特征。

在薪酬激励体系上，生产型企业的薪酬模式相对简单。通常情况下，这类企业会采用岗位绩效工资制。在具体实施的时候，无论是管理人员还是基层员工，都要有明确的等级划分，并按照等级明确各个岗位的薪酬标准。不过，员工的薪酬并不是一成不变的，它会依据员工具体的绩效考核作出相应的调整，包括岗位工资的整体调整和员工个人的调整，以此来确保薪酬的内外部公平。

什么是岗位工资的个人调整呢？简单来说，就是具体问题具体分析，针对不同表现的员工，要制定更加灵活的岗位工资制度，不能完全按照统一标准发放工资。除了基本工资之外，类似于绩效工资、奖金等薪酬形式都要更加灵活，确保员工在横向对比和纵向对比上都有适度的调整。

比如，同样是生产部门的底层员工，一名刚刚达成任务目标，一名超额完成任务，那么在经过横向对比之后，两名员工不能笼统地按照同一个等级标准发放工资。对于超额完成任务的员工，公司应当给予适当的奖励，或者上浮绩效工资，这样才能激励员工再接再厉，保持更大的工作积极性。这里强调的就是薪酬的内部公平，对待不同表现的员工，应该给予不同的薪酬待遇。

又比如，某员工的绩效工资是固定的10000元，员工每个季度都表现良好，就可以获得10000元的绩效工资。第一年的年度考核中，一名员工连续四个季度表现良好，因此年度考核的评分达到了良好的水准，获得了10000元的绩效工资。第二年，该员工表现更加出色，连续3个季度达到了优秀的水平，这一年的年度考核评分达到了优秀的水准。这个时候，绩效工资就不能够继续按照10000元的水平来发放了，尽管这个员工的职务没有变动，但公司必须针对他的进步给予奖励，将绩效工资从10000元上浮到12000元。这种个人调整属于一种典型的纵向调整。

如果说个人调整更多的是关于内部公平的问题，那么整体调整就关乎着外部公平的问题。一般情况下，员工不仅仅会关注公司内部同事的薪资，也会对其他公司同行的薪资产生兴趣。在双方能力差不多、职位差不多、公司规模差不多的情况下，他们对于薪资是否公平会非常在意，个人的工作状态也会因此受到影响。

比如，A企业基层员工的基本工资是5000元，但是在同一行业内同等规模的其他企业中，基层员工的基本工资达到了6000元，那么这个时候就面临着外部是否公平的问题。A企业必须及时做出调整，整体上提升基层员工的基本工资，提到5800元、6000元，或者6100元都可以，最重要的是保证企业与其他竞争对手之间的薪资差距不要太大，这也是留住员工、激励员工的一个重要措施。

总之，生产型企业的薪酬激励体系更加侧重于岗位工资制，等级制度以及公平是企业需要重点关注的问题。

贸易型企业的绩效考核与薪酬激励

最近十几年，中国的贸易规模越来越大，尤其是出口贸易一直居于世界前列，中国产品和中国制造的品牌也得以走向世界。在中国贸易大爆发的背后，是一大批贸易型企业的崛起，正是它们带动了贸易的发展。然而，这些贸易型企业拥有一个鲜明的特点，那就是企业的数量非常多，但规模大多偏小，很多贸易公司本身就处在产业链的下游，没有太大的竞争优势和话语权。

由于多数贸易型企业的实力有限、资金不足，加上市场竞争非常激烈，它们通常会采用产品快进快出的经营方式，来提升企业资金的周转率。最常见的贸易型企业，是从事批发零售的商场、商店、连锁店、购物中心、商城以及一些规模较小的贸易公司。这些企业缺乏掌控和整合产业链的能力，而且受到产业链的制约比较大，在经营管理的时候，通常只能在供应链的某个环节上采取一些市场营销管理方法。比如，如今最常见的电子商务以及直播带货，商家和企业会通过互联网的信息传播优势获取更多的贸易机会，并通过各种互联网平台来宣传自家的产品和品牌。互联网平台往往可以有效降低成本，这对规模不大的贸易型企业来说，是一个很大的优势。

由于贸易型企业具备以上几个经营特点，在打造绩效考核体系时，贸易型企业一般会从营销管理入手。营销管理的两个基本内容是销售业绩和服务质量，所以这类企业主要将销售业绩和客户服务质量作为考核指标，然后在这两个大指标下分解出更多相应的小指标。贸易型企业的业务相对单一，组织结构相比于其他类型的企业也更加简单，整个企业的战略目标和年度目标在分解的过程中比较明确。

需要注意的是，很多贸易型企业都偏向于服务型，而这一类型的企业，基层员工往往扮演非常重要的角色。他们直接负责与客户打交道，将产品卖给客户，并且能够了解客户不同的需求，因此对基层人员的考核会成为绩效考核工作中的重中之重。为了刺激基层员工产生更大的工作积极性，就要改变传统的固定工资制度，要在薪酬管理方面做出灵活的调整，避免工资水平的统一。比如，最合理的做法就是采用"多劳多得"的分配制度，让那些产品销量大的员工拿到更多的薪资。

假设某个商场的售货员每天的工作时间是8小时，每个月的固定工资是3000元，那么这个员工可能会在工作中表现得很不积极，他不会主动向顾客推销产品，也不会花时间去研究如何卖掉更多的产品，每天都刻意让自己保持清闲的状态。如果商场刻意改变固定工资制，将3000元的固定工资变成1500元的基础工资，然后规定售货员每销售一件商品，就会获得商品价格5%的提成。员工产品卖得越多，员工获得的收益就越大，当一个月的销售额突破50万元的时候，商场还会给予员工一笔奖金。这个时候，员工工作的积极性就会被激发出来，他们的服务质量也会得到明显的提升。

在贸易型企业中，最合适的薪酬模式就是"底薪+提成"，也可以在这个基本的薪酬结构上加入年终奖。这样的薪酬结构往往非常灵活，对员工的吸引力和激励都比较大，可以充分发挥员工的主观能动性。

贸易型企业需要依据具体的情况来设定底薪和提成。一般来说，底薪不能太低也不能太高，要充分保障员工的基本需求，同时也要保持一定的激励性，一些贸易规模较大、实力比较雄厚的企业，可以适当提高底薪，然后加大提成的额度。底薪和提成并不是一成不变的，一些表现较好的员工，在下一年度可以适当提高底薪和提成。假设某员工在年度绩效考核中拿到了优秀的评分，那么下一年度的底薪和提成可以在原来的基础上提升20%。此外，底薪和提成也可以按照等级来划分，基层员工的底薪和提成往往是最低的，而各级管理者呈阶梯式上涨。

年终奖往往是一个非常有效的辅助性激励形式，公司一般会给员工设定各种绩效目标，当员工顺利完成某些既定任务或者实现既定目标的时候，就可以拿到年终奖，而如果员工的绩效远远超出预定的工作目标，年终奖的数额会提升到一个新的水平。比如某公司规定，只要销售员每年完成300万元的销售额，就可以拿到全部的绩效工资；完成350万元的销售额，就可以获得2万元的年终奖；如果突破了400万元的销售额，那么年终奖就会上涨到3万元。

总之，贸易型企业更加注重激发员工的工作积极性。通过底薪的设置来促使员工保持一定的饥饿感，通过提成和奖金来激发出员工的工作积极性，这样就可以更好地引导员工努力工作。

项目型企业的绩效考核与薪酬激励

项目型企业，顾名思义就是从事项目开发的企业，这类企业所面对的市场不是产品市场，而是项目。这类企业往往从事工程承包、建筑承包、项目外包等项目，它们并不依赖产品销售，而是依赖项目的现金流来生存。项目型企业有一个共同点，那就是前期垫资投入较大，资产负债率普遍较高，企业为了降低风险往往需要快速收回资金。一般来说，企业会对承保项目进行经济核算，按照项目进度保质保量地完成项目验收，然后迅速回款。

正因如此，项目型企业在构建绩效考核与薪酬激励体系时，会重点关注项目的回款周期。比如在绩效考核的时候，项目型企业在明确自身的任务之后，就会将项目进度、项目实施过程中的质量控制、成本控制、客户满意度作为重要的考核指标。质量问题往往影响到项目的进度，影响到客户的满意度以及企业的品牌形象；成本控制则关系着企业的资金压力，如果企业不注意控制成本，可能会造成严重的资金缺口，影响项目进度，而且会进一步压缩利润；客户满意度也是一个关键指标，如果客户对项目的实施不满意，那么可能存在返工现象，从而增加成本，最终也会影响资金回流的速度；项目进度主要涉及资金流转和客户满意度的问题，项目推进如果一切顺利，速度也比较快，那么回馈周期就会相对缩短，客户也更加满意。

比如，某项目型企业承包了工程项目。考虑到这个项目前期投入的资金较大，为了避免对其他项目产生不利影响，该企业的负责人打算加快资金回笼的速度，为此他要求施工人员加快进度，使得原本需要四个月才能完成的项目，被压缩到三个月的时间。原本项目在推进的过程中需要定期进行审核，每完成一个子项目，要请专家进行内部的验收，对于不合格的子项目，还要开会讨论，及时制定改进措施，但为了缩短时间，负责人取消了定期审核与验收环节。结果，整个项目完工后没有通过大客户的验收，企业不得不进行返工处理，企业的成本一下子增加了30%。更糟糕的是，企业交付项目的时间不得不推迟两个月，企业的资金压力也被放大了。

与其他类型的企业不同，项目型企业的经营通常以单个项目为单位，企业在拿到项目后，相应的生产服务工作一般在外部完成，很难产生规模效应。无论是房地产企业（房地产开发项目）、建筑公司（工程项目）、影视公司（影视项目），它们的业务都不是持续的连贯的，具有明显的间断性、独特性和一次性。项目型企业一般会按照具体的项目完成周期进行考核，而不是按照月度、季度或者年度来制订考核计划，一些周期较长的大项目有时候可以采取年度考核的方法。

项目型企业的绩效考核体系的构建往往是为了更好地完成项目，顺利回收资金，同时赢得客户的认同，而为了更好地推动绩效考核结果的应用，这一类型的企业还需要制定与之相配合的薪酬激励体系。通常情况下，项目型企业会选择采用岗位绩效工资制，不同职务、不同级别、不同岗位的人会获得不同的薪资，而且具体的薪酬往往按照绩效考核的成绩来安排。

在实施岗位绩效工资制的时候，重点要解决好定岗定编以及人员配置问题。定岗定编定员往往需要把握一些基本原则，比如需要依据企业各个部门的工作职能、业务流程、管理流程来安排岗位，然后按照工作内容和业务量来进行人员配置，做到因事设岗。与此同时，岗位设置要符合现有的组织机构。

又如，设置岗位之后，岗位人员的安排要尽量做到精简，而且工作人员需要竞争上岗、择优录取。公司需要重点考核员工的工作能力、工作态度、道德素质、价值观等，在合适的岗位上安排最合适的人。

不同岗位的项目管理人员薪资水平不一样，项目管理人员往往需要按照绩效考核成绩来进行薪资配置。通常情况下，项目型企业的薪资构成是基本工资+绩效工资+效益工资+项目奖金。基本工资往往不高，但可以维持员工的基本生活开支，基本上每个月发放一次。绩效工资则是按照具体的绩效考核成绩来发放，绩效考核达标的人往往可以获得全部的绩效工资，如果绩效考核不达标，那么绩效工资会打一些折扣，绩效工资一般按照项目节点来发放。效益工资往往和项目的责任成本有关，如果项目的成本控制得好，那么依据项目管理人员完成的责任成本降低额的比例，给予项目管理人员一些奖励。项目奖项涉及项目的二次经营、质量管理、安全管理、文明工地评比等奖项，满足上述任何一个条件，项目管理人员都可以获得额外的奖金。

需要注意的是，外聘人员可以选择采用协议工资的制度，双方约定一个薪资发放形式即可。双方也可以经过协商，按照工程完成后的项目管理成果来分配薪酬。

服务型企业的绩效考核与薪酬激励

随着社会的不断发展,服务业在整个社会经济结构中的比重不断增加,对社会的促进作用也越来越明显。服务型企业几乎遍布社会各个领域,像旅店、餐饮业、旅游业、会展业、零售业、物流业、仓储运输、金融服务业、电信及增值服务、广告业、信息咨询服务业、连锁超市、电力供应、供水供气、烟草、石油化工等领域都有服务型企业的身影。

服务型企业往往具有两个比较明显的特点:第一个特点是连锁经营,第二个特点是以顾客的需求为中心。连锁经营是服务型企业的普遍特征,依靠连锁经营的模式,相关企业可以迅速扩大规模,还可以快速降低制造成本、采购成本以及运营成本。服务型企业并不是传统的产品型企业,它们更加注重对客户需求的满足,努力提高顾客的满意度和忠诚度,并且以此来增强市场竞争。

服务型企业在制定绩效考核与薪酬激励体系时,也可以从这两个特点出发,将销售业绩、运营成本、客户满意度作为绩效考核的关键指标。销售业绩往往代表了企业的收益,以销售业绩为考核指标,是符合企业战略目标和年度经营目标的,毕竟销售业绩越好,企业的发展形势也就越好,获得的收益可能也越多。所以,企业需要重点抓销售业绩,通过业绩来考核员工的工作能力、工作态度、工作方法,从中找到不足之处,引导员工提升自己的绩效。

降低运营成本有助于提升企业经营利润，如果员工可以控制好运营成本，那么有助于企业获得更多的利润。也就是说，企业希望员工尽可能以最小的代价、最高效的方法去获取最大的利润。通常情况下，降低运营成本是管理人员的职责，这也是管理人员重点考核的一项指标。

企业是围绕着客户的需求来运作的，而是否能够满足客户的需求，除了产品要到位，服务也必须到位。企业必须为客户输出更多的价值，同时让对方在享受价值的过程中感到满足。客户满意度的高低往往决定了商品的销量，也决定了企业在市场上的认知度、认可度。

在设定这一类考核指标的时候，服务型企业需要按照自身的实际情况，设定好各个指标的权重，确保绩效考核实施与绩效评估更加合理。一般情况下，要尽可能地将这三个重要指标纳入考核体系当中，否则可能会导致企业运营的失衡。比如有很多小超市为了增加利润，可能会片面追求销售业绩，会强调运营成本的控制，反而在客户服务这个环节上做得不够好。有的小超市会非常在意客户流量，因此在服务方面做得很到位，销量也不错，但是运营成本控制得不好，企业的利润并不高。其实，可以利用连锁店模式和规模优势迅速打开销量，然后在进货渠道、人员管理、广告业务等方面降低成本，最后要求员工做好客户服务，这样超市的利润便可以得到保障。

针对服务型企业独特的运营模式和绩效考核模式，它们的薪酬激励体系应该包含岗位绩效工资制以及能效工资模式。

在实施岗位绩效工资制时，应该明确各岗位的工作职能以及各岗位的薪资标准。企业可以打造底薪＋绩效工资的薪酬模式，工作表现突出和绩效考核分数高的员工，往往可以拿到全部的绩效工资，甚至略有上调。企业也可以在这个薪酬模式的基础上加入年终奖，充分发挥出员工的积极性。不仅如此，企业还可以增加其他奖项，比如依据客户反馈的态度或者满意程度来给予员工奖励，客户对员工的认可度越高，员工获得的奖励也就越多。

能效工资制是以员工的技术（岗位）等级标准工资为基础，按照员工履行岗位责任制取得的劳动成果和企业经济效益来发放劳动报酬的一种形式。能效与绩效不同，绩效强调按照目标和标准考核员工的工作完成情况，并给予一定的奖励；而能效更加强调用最少的消耗来创造同等多的价值，即推动员工成长，实现企业绩效的提升。能效工资制更加侧重于激发员工的成长属性，通过员工的成长来增加绩效，这本身就有助于员工未来的发展。对于那些明显取得进步、效率大幅度提升的员工，企业应该给予一定的奖励。

服务型企业的薪酬激励模式通常比较灵活，企业可以按照自身的情况来合理安排。一般情况下，销售业绩、运营成本、客户满意度是服务型企业绩效考核的关键指标，企业会充分调动员工的工作热情，想办法增加销路，降低运营成本，让员工积极主动地为客户提供优质服务。这样，服务型企业便能一步步占领市场，不断稳步发展。

第十章

绩效考核与薪酬激励经典案例解析

字节跳动的OKR+360度模式

2022年字节跳动的营收超过800亿美元，超过腾讯控股的796亿美元，成为营收仅次于京东集团及阿里巴巴集团的中国第三大网络企业。作为一家成立于2012年的互联网企业，字节跳动取得的成就让人惊叹，而这离不开字节跳动出色的人才管理。为了激发人才的创新能力与工作潜力，字节跳动打造了非常高效的业绩考核与薪酬激励管理模式，其中最典型的就是OKR+360度模式。

OKR（Objectives and Key Results）即目标与关键成果法，它是明确目标、跟踪目标及明确目标完成情况的一套管理工具和方法，最初由英特尔公司发明。

过去很多大企业喜欢使用KPI（关键绩效指标）考核的方法，不过越来越多的互联网企业选择OKR，因为它可以通过聚焦、协同、追踪和延展的协同作用，揭示企业运营最重要的方面，确保目标自上而下的统一，以及管理者和员工始终处在正确的轨道上。它还能够有效强化企业整体，提高企业业绩、工作满意度和员工保留率。

众所周知，KPI强调"公司考核什么，员工就必须做什么"，而OKR则强调"员工应该做什么"。比如在一些商场里，服务员往往会不厌其烦地跟在顾客身边，喋喋不休地介绍产品，这是因为公司的KPI考核要求必须全程陪同顾客，如果服务员不这样做就违反了公司的规定。OKR考核强调服务员应该先询问顾客是否需要自己陪同和指导，如果顾客需要，那就为顾客提供这些服务；如果顾客不需要，就不去干扰客户选择和购买。

字节跳动之所以使用OKR考核法，因为OKR本身就倡导追求困难目标、自下而上设定目标、彼此协同合作、信息快速流动互相透明、不设边界的思考，这样的价值观与字节跳动的企业文化高度一致。

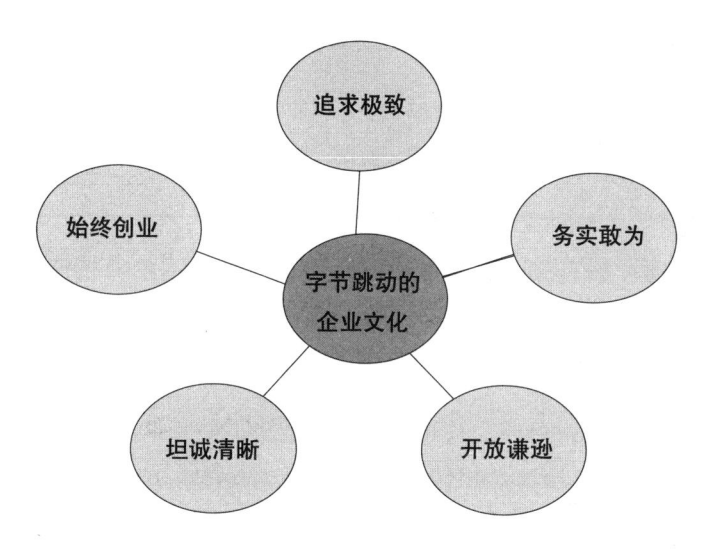

字节跳动每年会对员工进行两次绩效考核，分别在3月和9月进行。其中，3月份一般进行年度绩效考核，考核结果会成为年终奖、员工薪水调整、职位晋升、内部转岗的重要参考依据。9月份的考核通常是年中绩效考核，一般不会直接应用到薪酬激励管理和职位调整当中。为了让OKR考核与绩效考核区分开来，字节跳动公司有意将两者的时间错开。比如OKR一般在2月、4月、6月、8月、10月、12月制定。需要注意的是，2023年2月17日，字节跳动CEO梁汝波在内部发全员信，称将会在业绩目标制定和回顾的周期，从此前的双月调整为默认季度。在设定目标和关键结果后，员工就需要为这些目标和关键结果而努力。

字节跳动则会依据员工的工作绩效正式进行考核。为了推动考核的公平公正，公司建立了明确的考核等级。

等级	等级的含义	等级说明
O+	卓越+	重新定义了行业标准
O	卓越	公司层面上具有重大贡献
E+	高于预期+	个人表现持续且显著超出预期
E	高于预期	经常超出预期
M+	符合预期+	持续履行好角色职责，偶尔超出预期
M	符合预期	持续履行好角色职责，符合预期
M-	符合预期-	勉强达到角色职责的标准要求，偶尔低于预期
I	待改进	有时无法达到角色职责标准要求
F	不合格	无法履行角色职责

除了明确考核等级，字节跳动还设定了一个基本的考核流程：绩效自评——360度评估——上级评估——绩效结果校准——结果沟通。

绩效自评：员工在做绩效自评时，需要在5天时间内完成，他们不需要参照之前OKR逐一进行自评，只需要填写自己做了哪些重点工作。这样一来，员工会意识到绩效考核只看重个人的贡献，而不是OKR的完成率。

360度评估：员工在填写工作自评之后，需要进一步填写自己需要邀请哪些同事来做评估，一般选择5~10人即可。员工可以邀请平级同事、下属、客户给自己打分，他们会依据员工的OKR和工作总结，然后结合员工的业绩、字节范、投入度三个维度进行评分。

维度	说明
业绩	业绩评分：F、I、M-、M、M+、E、E+、O、O+ 做得好的：用数据、具体行为或者举例子来说明 待改进的：指出那些做得不好的地方，希望未来得到提升
字节范	字节范评分：F、I、M-、M、M+、E、E+、O、O+ 字节范评语：始终创业、多元兼容、坦诚清晰、求真务实、敢为极致、共同成长、整体评估（从中选择，举例说明）
投入度	投入度评分：F、I、M-、M、M+、E、E+、O、O+ 文字说明：全身心投入工作，拥有主人翁精神，以公司发展为主，与公司共同发展
留言	接受考评的人可以看见留言

上级评估：当员工做完360度评估之后，上级主管会参照这个评估结果做出评价。他们会从员工的业绩、字节范、投入度三个维度给出一个具体的考评等级，然后给出相应的文字描述，并在三天时间内完成下级员工的绩效效果评估。

绩效结果校准：上级主管在完成下属的绩效评估后，考核结果汇总到员工的隔层上级处，隔层上级将会在大团队内进行统一审核，保证评价尺度的统一。同事或者上级给出的评分如果和自己的评分差距较大，那么公司会进一步了解员工个人的表现情况，对相关的考核评分进行校准。一般情况下，结果校准会在一周内完成。

结果沟通：当绩效结果得到最终的确认之后，直接上级会与员工进行绩效结果沟通。一般来说，双方会进行面谈，以此来确定最终的绩效评分，并调整员工的职称、工资、奖金等。这一环节大约需要一个月的时间。

这五个步骤构成了具有字节跳动特色的360度考核法。相比于KPI等其他考核方式，360度考评的方式更加全面，能够避免个人打分时的主观性和偏见，透明度和公平性会相对更高一些。

需要注意的是，对于那些职位级别上拥有管理权限的员工，他们在接受360度考评时，需要在业绩、字节范、投入度的基础上，增加"领导力"这个维度。在这些维度的考核中，业绩所占的比重最大，对最终的评分影响也最大。假设某员工的业绩只有M-，那么即便字节范和投入度的分数达到了E，绩效考核分数也不会很高，自然很难获得加薪。通常情况下，一个员工如果字节范和投入度能够达到M，业绩在E甚至E+往上，加薪升职的可能性会很大。字节跳动并没有给出一个具体的考核结果分类区间，但基本上20%的人会获得优秀的评分，70%的人属于合格或者一般的水准，而剩余10%的员工则会考核不合格。

字节跳动公司会将考核级别和年终奖月数对应起来：假设某员工在年中考核中获得了E甚至E+的评分，那么年终奖将会多出1~2个月的奖金；如果年终评分是M，那么年终奖会是3个月的奖金；如果年终评分为E或者E+，就会提供3~5个月的奖金。

OKR绩效考核和360度考评相互结合的模式，构建了字节跳动绩效考核与薪酬激励管理的基本架构。此外，字节跳动内部具有非常明确的职级体系。

初级工程师一般是1-1级，中级工程师属于1-2级，资深研发人员分为2-1级和2-2级，团队领导层包括3-1级和3-2级，部门领导层属于4-1级和4-2级，公司领导层分为5-1级与5-2级，字节跳动的创始人是5-1级。为了防止内部出现攀比行为，员工所在的职级会严格保密，这是因为不同的职级拥有的薪酬也不一样，而且不同序列间月薪差异较大。

比如，位于1-2级的中级工程师，工作年限平均为1.2年，一年的工资31.5万元，年终奖为6.5万元，没有股权，总年薪大约是38.5万元。2-1级的员工，工作年限平均为3.6年，工资为42.3万元，年终奖为9.3万元，没有股权，总年薪大约是59.5万元。而4-2级的员工，一年的总薪酬达到440万元，其中还包含了200万元的股权激励。与其他互联网公司相比，字节跳动开出的薪水普遍要高出25%~40%，这也是字节跳动可以吸引更多人才加入的一个重要原因。

需要注意的是，尽管OKR+360模式成了字节跳动的重要考核模式，但它并不是完美的考核方案，随着字节跳动的不断发展，随着外在环境的不断变化，字节跳动的管理体系也需要得到进化。因此，这个绩效考核与薪酬激励管理解决方案在未来还需要不断调整、丰富，甚至改头换面。

华为公司的全员持股制度

华为之所以走向世界，成为通信设备领域的领头羊，很大一部分原因得益于它拥有完善的管理体系。在这个管理体系中，考核与薪酬是非常重要的组成部分，无论是华为早年提倡的"狼性文化""奋斗者文化"，还是后来的"创新文化"，都离不开出色的绩效考核与薪酬激励管理制度。

《华为基本法》中这样写道："华为的追求是在电子信息领域实现顾客的梦想，并依靠点点滴滴、锲而不舍的艰苦追求，使我们成为世界级领先企业。华为主张在顾客、员工与合作者之间结成利益共同体。努力探索按生产要素分配的内部动力机制。我们决不让雷锋吃亏，奉献者定当得到合理的回报……认真负责和管理有效的员工是华为最大的财富。尊重知识、尊重个性、集体奋斗和不迁就有功的员工，是我们事业可持续成长的内在要求。爱祖国、爱人民、爱事业和爱生活是我们凝聚力的源泉。责任意识、创新精神、敬业精神与团结合作精神是我们企业文化的精髓。实事求是是我们行为的准则。华为以产业报国和科教兴国为己任，以公司的发展为所在社区作出贡献。为伟大祖国的繁荣、为中华民族的振兴、为自己和家人的幸福而不懈努力……"

上述文字中主要谈到了两点，一是要确保那些有能力的奉献者获得最大化的利益，二是要成为世界级别的大公司，为实现中国的伟大繁荣而努力。这两点本质上还是要激发员工的工作积极性，确保他们可以更好地投入工作当中去，为企业的发展提供更大的助力。

多年来，华为始终坚持"以奋斗者为本"的原则，主张严厉的、公平的考核，并按绩效分配和按股权分配，确保利益可以向创造业绩的一线"奋斗者"（研发人员是其中最重要的主体）倾斜。为此，华为公司打造了完善的绩效考核和薪酬激励管理模式。比如，华为采用分类管理和分层的绩效管理模式，普通员工进行月度考核，中基层职工用IPBC考核（员工做出个人业务承诺），即采用季度考核+年度评定的模式，一般会制定考核表，70%的量化指标和非量化指标都在考核表上，其余30%的考核则包括工作态度和管理行为。中高层使用述职加KPI的模式（季度述职，年度打分），一般使用平衡计分卡进行考核，包含了财务、客户、学习成长、内部流程四个维度。

此外，华为建立了层次分明的考核等级，比如公司内部的考核分为优秀、良好、称职、基本称职、不称职。ABCDE五个等级对应着内部的加薪程度以及晋升比例，优秀的员工可能获得100%奖金，表现良好的员工能拿到80%的奖金，称职的可以拿60%，基本称职的拿50%，不称职的基本上没有奖金。同样地，优秀员工可以连升两级，称职的员工可以提拔一次，不称职的自然没法获得晋升机会。

华为的绩效考核与薪酬激励管理解决方案非常完善，是推动华为公司走向世界的一个重要支撑。在这些解决方案中，最引人关注的就是"工者有其股"的全员持股制度。那么，华为公司的全员持股制度是怎样的呢？

早在1990年，刚刚成立三年时间的华为公司，正从贸易公司转为自主研发型企业。当时的华为面临严重的资金问题，公司的资金非常紧张，研发投入数额巨大，融资却非常困难，这严重阻碍了华为的发展。为了解决资金问题，华为公司提出让员工集资的策略，任正非从战略高度上提出了内部融资、员工持股的概念。每年的年底，华为会为那些工作满一年的骨干员工提供认股权。主管把骨干员工叫到办公室，然后提供一份合同，告诉对方今年可以认购多少数量的公司股票，当时开出的价格是1元/股。员工只要签订了合同，华为公司控股的工会就会代为持有和管理。对于没有钱购买内部股的员工，公司会为他们提供贷款，或者以工资和奖金的形式来抵款。员工认购股份之后，公司会按照每年的经营业绩进行分红。在1992年到1996年的这几年时间里，华为公司每年的分红比例始终高达100%。

1997年，华为公司对内部股权结构进行改制。当时华为公司的注册资本为7005万元，其中688名华为公司员工总共持有65.15%的股份，而华为公司的子公司华为新技术公司，旗下有299名员工共持有余下的34.85%股份。

经过改制，股权分配发生了变化，其中华为新技术公司持股5.05%、华为新技术公司工会持股33.09%，华为公司工会持股61.86%。不仅如此，华为公司股东会议作出决定，两家公司员工所持股份分别由两家公司工会集中托管，并代行股东表决权。也就是说，持有内部股票的员工并不具备股票的所有权、表决权，也不能转让和出售股票，一旦员工离开公司，华为控股工会就负责回购这些股票。

1999年6月，华为公司工会直接以现金的方式收购了华为新技术公司所持的5.05%股份，同时从华为新技术公司工会收购了其中21.24%的股份。另外，华为公司董事会也决定将华为新技术公司工会持有的剩余11.85%的股权，直接并入华为公司工会，这样一来，任正非独立股东的地位正式得到确认。不久，华为公司将任正非所持的3500万元股份单独剥离出来，并在工商局注册登记，他单独持有1.1%的股份，其余股份全部由华为公司工会持有。

到了2001年年底，华为推动了内部的员工持股改革，原先设计的"一元一股"的内部股票开始停止向新员工发放，老员工手里已经购买的股票则转变为期股，也就是后来经常谈到的"虚拟受限股"。经过这次的改革，华为此后的每一年都会根据员工具体的绩效和贡献，给予员工适度的认购资格，这些员工可以按照公司当年的净资产价格购买"虚拟受限股"，而员工所能获得的回报则是每年的分红，以及与"虚拟受限股"相对应的公司净资产增值部分。

2008年，华为公司对虚拟股制度进行微调，实行饱和配股制。简单来说，就是直接规定员工的配股上限，一旦每个级别的人达到配股上限后，他们就不能继续参与新的配股。这种配股方式在一定程度上兼顾了公平分配的原则，手中持有大量股票的老员工不再参与配股，这就为新员工提供了更多配股的机会，可以有效激发新员工的工作积极性。

2011年，"虚拟受限股"在华为公司内部成功派发了98.61亿股，其中超过6.55万名员工持有内部股票。之后的几年时间里，虚拟股又达到了惊人134.5亿股，有超过8万人持有虚拟股。

这种薪酬模式，将员工的收益与公司净资产增加带来的股份增值以及年终分红捆绑在一起。为了满足自己的利益需求，员工就会努力工作，想办法给公司创造更大的价值，而这成了华为公司多年来保持高速增长的强大动力。而且，这种分配模式留住了大量的人才，员工对于华为公司的忠诚度不断增强。

除了股权分配之外，华为公司还打造了独特的"获取分享制"。一般情况下，华为公司会将一整年的利润进行分配，但在利润分配给股东之前，会将这部分所得以绩效奖金的形式发放给那些作出重大贡献的员工。华为公司拥有数量庞大的研发人员，这些研发人员直接决定了公司的创新水平，决定了公司在市场上的竞争力。为了让研发人员的创新能力得到充分释放，公司会进行合理的利润分配，激发研发人员的创造力和工作积极性。

腾讯公司的薪酬激励模式

腾讯公司在互联网领域占据了重要的地位。作为一家成立于1998年的企业，腾讯公司多年来的发展速度非常惊人，而推动腾讯公司不断变强的一个重要原因，就是完善的管理体系。作为一家互联网公司，腾讯在管理方面做得非常出色。

比如，腾讯公司每年都会进行两次绩效考核，分别在6月和12月。绩效考核一般分为两个部分：业务评价和组织管理评价。业务评价强调的是工作成绩，组织管理评价强调的是个人的工作态度。其中，工作成绩在考核中的权重为70%，工作态度在考核中的权重为30%。考核者会综合两个部分的指标给出合理的评分，而绩效评估通常分成5个档次，最高的档次是5星，这意味着考核评分最高，或者说员工的表现最优秀；接下来是4星、3星、2星和1星。如果考核档次是1星，表明员工的绩效考核表现很糟糕，很可能面临被辞退的风险。

在此之前，腾讯的绩效考核体系分为S、A、B、C四档。考核评分位于S档就代表员工非常优秀，这种员工通常可以直接晋级，也可以拿到更多奖金。A档表明员工的表现超出预期，B档是指绩效考核达到预期水准，C档则是指员工的表现低于预期。员工如果连续两次考核都低于预期，就要面临被公司辞退的风险。从原先的4档划分为5档，表明公司的绩效考核更加细化和精确，原先只有A档和S档的员工可以获得奖金，而改革之后，3星、4星、5星的员工，都可以拿到奖金。

除了绩效考核之外，腾讯公司在薪酬管理方面也做得很好，它构建了一套合理的薪酬体系。

2019年腾讯宣布调整薪酬职级，对原先的6级18等模式进行优化，整个职级体系变为14级。原先的6级分为1、2、3、4、5、6级，然后每个级别又细分为3等。

第1级可以分为1.1、1.2、1.3；

第2级可以分为2.1、2.2、2.3；

第3级可以分为3.1、3.2、3.3；

第4级可以分为4.1、4.2、4.3；

第5级可以分为5.1、5.2、5.3；

第6级可以分为6.1、6.2、6.3。

优化之后，直接变成了14级，分别是4级、5级、6级、7级、8级、9级、10级、11级、12级、13级、14级、15级、16级、17级。

职级的调整也伴随着薪酬体系的调整：

腾讯职级体系和薪酬范围					
新职级体系	旧职级体系	薪酬中位数（元）	配股	其他福利
4	1.1			公积金最高档12%；工作满两年免息贷款500000元；一年一度的旅游机会；待补充
5	1.2	月薪12000		
	1.3			
6	2.1	月薪15000		
7	2.2	月薪18000		
8	2.3	月薪20000		
9	3.1	年薪380000~400000		
10	3.2	年薪500000~700000	100000~150000	
11	3.3	年薪700000~1000000	300000~700000	
12	4.1	年薪1200000~1600000	800000~1200000	

腾讯职级体系和薪酬范围			
新职级体系	旧职级体系	薪酬中位数（元）	配股	其他福利
13	4.2	年薪2000000~3000000	1000000+	公积金最高档12%；工作满两年免息贷款500000元；一年一度的旅游机会；待补充
14	4.3	按照具体情况来发放		
15	5.1			
	5.2			
16	5.3			
17	6.1			
	6.2			
	6.3			

虽然，腾讯的标准薪资是14薪（一年发14个月的工资），但是通常情况下，员工可以拿到16~20薪，具体的薪酬模式需要视部门盈利情况而定，毕竟不同部门的年终奖往往也不同。腾讯内部不同部门之间的薪酬差距较大，基本薪资、股票持有的差距比较明显。比如，腾讯的游戏团队在薪资和年终奖上占据优势，而腾讯云的股票份额则要高于游戏团队。

股权激励是腾讯公司一种很常见的薪酬管理模式。2008年8月，腾讯董事会作出决定，直接奖励184位表现出众的员工共计101.605万股股票；2009年7月，腾讯董事会又对1250名业绩出色的员工发放818.118万股股票；2010年7月，董事会决定把366万股股权奖励给1454名员工。之后，腾讯公司几乎每年都会发放股权，并将股权分配当成重要的激励方式。

在股权分配方面，腾讯公司一直都严格控制比例。有很多员工想要增加股份，马化腾总是会非常谨慎地对待，他会认真分析每一个人的能力和绩效，然后针对性地做出判断。在马化腾看来，一个人所拥有的股份必须和他的能力、未来所做的贡献、在公司中的重要性相匹配，如果想要获得更多的股份，那么他的能力和贡献值必须配得上那些股份。

马化腾认为，一个良性的配股比例，就是要杜绝垄断、独裁的局面，其他人的持股总和比领导者多一点，就可以对领导者形成制约。随着腾讯公司的发展，他不断稀释自己的股份，把股份分发给其他员工，截至2021年年底，他的个人持股比例变成8.38%。

推行股权分配制度，为腾讯公司创造了腾飞的机会，但同时也带来了一些问题，其中一个最大的问题就是老员工缺乏工作积极性。在腾讯公司内部，高管们对老员工非常尊重，他们认为腾讯公司的发展和壮大，离不开那些老员工的奋斗。因此，早在创业初期，公司就曾发放了不少股票给老员工。大量的财富使得老员工慢慢丧失了工作积极性，他们不再像过去那样努力拼搏。马化腾对此也感到无奈，他知道一般的激励方法已经失效，所以他会非常开明地接受他们的离职。对那些想要创业的老员工，马化腾还会伸出援手，积极提供各种资源。有很多离开腾讯公司的老员工，在日后的事业规划中都受到了腾讯公司的援助。这种人性化的管理方式让很多老员工非常感动。更重要的是，公司内的员工也受到影响，产生了更为强烈的归属感。

如果老员工工作表现不错，仍旧在工作中展示自己的激情，那么公司会继续为老员工提供更好的平台和更多的发展机会，帮助他们继续成长，释放自己的价值。

正是因为构建了完善的绩效考核与薪酬激励体系，才充分调动了各个岗位员工的工作积极性和创造性，使得腾讯公司得以不断向前发展。

海尔集团的"三工并存,动态转换"

1993年,海尔集团还在沿用大锅饭体制,员工们消极怠工,内部的工作效率不断下滑,严重阻碍了海尔集团的发展。眼看海尔集团的发展前景越来越暗淡,张瑞敏发布了《三工并存动态转换管理办法》。该文件发布后,一部分人支持改革,认为国家都实施市场经济了,企业也要紧跟改革步伐,但也有很多人担心自己的既得利益受到损害。

为此,海尔集团要求所有的管理部门对员工进行解释,让员工意识到"三工并存,动态转换"的制度并不是要把所有人赶出去,而是构建起一个更加灵活、更具竞争性的机制,激活员工的斗志,承担起建设企业的使命和责任。

经过一段时间的疏导工作,大部分人终于同意改革,而"三工并存,动态转换"也得以在整个集团内部得到落实,并重新激发了海尔员工的积极性,推动海尔集团成为世界500强企业。

所谓"三工并存,动态转换",是指海尔集团将全体员工分为优秀员工、合格员工、试用员工三种。试用员工是指临时工,这类员工地位非常不稳固,只有表现出色的临时工,才有机会获得公司的认可。合格员工是指合同工,他们与公司签订了合同,但合同结束后,员工仍旧有可能离开公司,除非员工可以持续保持良好的工作状态。优秀员工是指正式员工,这类员工可以享受公司的各种正规待遇。这三种不同类型的员工往往依据具体的业绩和贡献进行动态分布,他们享受的工龄补贴、工种补贴、分房加分等待遇都是不同的。

海尔集团打造了一套完整的绩效考核制度，按照绩效考核来安排员工的身份和角色。一般情况下，集团公司会进行严格的绩效考核，绩效考核表现突出的员工，就可以获得晋升的机会：试用员工如果绩效考核表现出色，就有机会转为合格员工；合格员工如果表现出色，便有机会转为优秀员工。反之，如果员工在绩效考核中表现不佳，业绩没有达标，那么就会面临降级：优秀员工如果绩效考核成绩不佳，会转为合格员工；合格员工如果表现不佳，会转为试用员工，甚至有可能被退回内部劳务市场。退到劳务市场的人员无论原先是何种工种，都会被下转为试用员工。试用员工必须在单位内部劳务市场接受为期3个月的培训，之后才会获得重新上岗的机会。与此同时，每个月各部门都会提拔一批符合转换条件的员工，安排他们去人力资源管理部门填写"三工转换建议表"，人力资源管理部门审核后公布最后的结果。

一般情况下，刚毕业的大学生入职后，会前往生产一线、市场一线等部门接受技能和业务锻炼，锻炼的时间通常都是一年。在这一年当中，入职员工的身份就是试用员工。等到试用期一年满后，人力资源管理中心会公布事业部所需人数及任职条件，入职满一年的员工需要根据自身实际情况合理选择岗位。如果在内部考核中分数合格，那么就可以直接正式定岗，这个时候他们的身份就从试用员工转为合格员工。成为合格员工之后的3个月，如果在工作中为企业发展作出重大贡献，就会被评为标兵，并荣获希望奖。这时就会由部门填写"三工转换建议表"，并交到人力资源管理部门审核。一旦通过审核，公司会将转换回音单发给当事人，通知对方已经成功转为优秀员工，这时该员工在当月就可以从合格员工的待遇换成优秀员工的待遇。

除此之外，海尔集团明确规定，只要满足以下任意一个条件，员工的身份就可以向上提升，合格员工会变成优秀员工，试用员工可以变成合格员工。

● 员工荣获省部级以上奖励，连续两次获市级奖励，或者连续3次获得厂级现金以及表彰

- 员工及时发现设备存在安全隐患，或者发现产品存在质量问题，于是立即采取积极补救措施，避免企业出现万元以上的损失
- 员工挺身而出，揭发或者成功抓捕盗窃犯罪分子，挽回万元以上损失

海尔公司不仅注重员工的个人能力和绩效考核的业绩，还非常重视员工的道德素养、责任感，这些同样会在绩效考核中成为加分项。虽然三工之间相互转化的方式有很多，但整个海尔集团内对三工的比例有着严格的控制，通常会保持在4∶5∶1左右，而且整个转换过程全部实行公开招聘、公平竞争、择优聘用的原则。

通过"三工并存，动态转换"的模式，员工的工作积极性得到了很大的提升，员工的忧患意识也得到了有效地增强。那些表现良好的员工会被升级为"优秀员工"，使得优秀人才拥有更大的发挥空间，而那些表现不佳的员工会被降级为"不合格员工"，这给了他们强大的动力去完善自己，争取做得更好。

海尔集团的掌门人张瑞敏说过："我们靠的是建立一个让每个人在实现集体大目标的过程中充分实现个人价值的机制。这种机制使每位员工都能够找到一个发挥自己才能的位置。我们创造的是这样一种文化氛围，你干好了，就会得到正向激励与尊重；同样，干得不好，会受到负激励。"

除了"三工并存，动态转换"的模式之外，海尔公司还存在一种表扬文化。《海尔文化手册》中明确规定了海尔的奖励制度，其中就包括海尔奖、海尔希望奖，命名工具等。所谓海尔奖，是指对那些在各个岗位上对企业发展作出突出贡献的员工给予的奖励；海尔希望奖则是奖励那些拥有小发明或者进行小改革的员工；命名工具则是在海尔希望奖上更进一步，一旦员工的发明、改革能够明显提升劳动生产率，那么相应的发明和改革就会上报给厂职代会。一旦厂职代会研究通过，那么发明和改革的项目就会以发明者、改革者的名字命名，公司还会公开进行表彰和宣传。获奖者的新闻很快就会被刊印在内刊《海尔人》当中，并且快速分发到每一个员工手中。

贝尔阿尔卡特公司：激励从不满意开始

贝尔公司和阿尔卡特公司曾是世界上最出色的企业之一，后来随着市场竞争力的下降，两家公司兼并成贝尔阿尔卡特公司。贝尔阿尔卡特公司中年轻人占比很重，32岁以下的职员占员工总人数的76.3%，而且员工的学历普遍偏高，半数以上的人都拥有本科以上的学历。为了激发员工工作的积极性，公司建立了培训、考核、激励相结合的人事管理制度。

人事管理制度实行一段时间之后，贝尔阿尔卡特公司曾就该制度的满意度进行了一次调研，结果显示对考核制度表示满意的员工只占总员工的32.5%。公司对这个结果非常重视，高层也迫切地想要了解员工为什么对考核制度不满意，于是进行了更加详细的调研。

调研结果表明，员工的不满意主要集中在以下几个方面：

——考核评估的指标体系不够科学，很多地方并不合理；

——考核评估的方式太偏向主观，人为因素比较大；

——考核过程过于形式化，很多时候只是走走过场；

——考核评估没有一个固定的周期，随意性比较大。

公司在调研过程中还发现了一个大问题，高达89.4%的人认为公司针对不同的员工，会使用不同的考核评估方案，这会导致内部的考核和激励政策面临比较严重的公平问题。

很明显，员工对于公司的考核评价给出了负面的反馈，而且存在反馈滞后的问题。如果没有这次的调研，高层根本不知道员工对公司的考评制度存在那么多的意见。另外，公司对员工进行绩效评价的方式也比较滞后，而这会严重影响公司的管理效率。

除了考核评估的满意度不高之外，公司内部的激励制度也存在一些问题。公司的奖励措施并没有赢得大家的认同，多达77.2%的人不满意内部的奖励。员工对奖励不满意的原因很多，主要为奖励金额太少，奖励的次数太少，没有体现出"多劳多得，优劳优得"的公平性。

公司的福利待遇是所有激励要素表现比较好的，大约57%的员工对公司的福利制度感到满意，不过有75.3%的员工对住房补贴表达了不满。作为日常生活开销的一个重要组成部分，住房始终是一个焦点问题，员工往往非常在意公司给出的住房补贴。贝尔阿尔卡特公司被员工吐槽住房补贴水平实在太低，根本无法解决实际的住房需求，这对公司吸引和留住更多的年轻人非常不利。

公司环境以及吸引力方面的调研，结果还算不错，半数以上的员工都表示满意。然而，关于战略目标的调查，员工的反馈结果并不好，仅有21.9%的员工表示自己清楚公司的战略目标是什么，而其他的人则表示不清楚或者了解不多。

接下来，公司针对员工是否愿意改变工作性质进行了调查。调查中55.9%的人认为改变工作性质可以学到更多重要的工作知识，22.1%的员工则认为改变工作性质会获得更好的工资待遇。而那些不喜欢做出改变的人认为，保持现状是因为自己非常喜欢这份工作，或者工作的专业能够发挥自己的特长。

一系列的调查，让贝尔阿尔卡特公司发现了以下几个问题：

第一，公司内部推行的考核制度存在很多欠缺之处；

第二，公司内部的奖励制度不完善，无法发挥更大的激励作用；

第三，培训力度不够，尤其是价值观的培训不到位，员工明显缺乏认同感和归属感。

很多公司内部或多或少都存在这些问题，贝尔阿尔卡特公司遭遇的问题并不算太严重，但如果不及时制定有效的解决方案，就会给公司的发展带来很大的影响。

贝尔阿尔卡特公司决定从考核、激励和培训三个方面来制定相应的解决方案，整个方案将致力于公平、公正地对部门和员工进行考核，然后根据员工作出的贡献来决定他们应该获得什么样的薪资待遇和地位。

——考核制度方案

贝尔阿尔卡特公司的相关负责人认为，在设计考核方案的时候必须把握好以下这些基本的问题。

首先，明确考核范围。简单来说，就是对员工进行考核、对部门进行考核、对项目进行考核。

其次，明确考核流程。简单来说，就是需要针对不同的考核对象设计不同的、操作性强的考核流程。

比如，在对员工进行考核时，公司设计了针对二级经理、三级经理、工程技术人员、销售人员、管理人员的考核，不同人员接受的考核内容与制定的考核标准都是有差别的。

二级经理的工作职责是确保部门进行高效且有序地运转，所以部门的工作绩效、组织协调能力、开拓能力、工作责任心、公正廉洁成了考核侧重的标准。其中，工作绩效所占的权重为0.6，组织协调能力的权重为0.1，开拓能力的权重为0.1，工作责任心的权重是0.1，公正廉洁的权重也是0.1。由于自评方式往往会受到主观因素的影响，因此公司要求下属员工对二级经理进行评价，公司主管将自评分数与下属评分综合起来考虑，按照具体的实际情况，给出一个最终的评分。

三级经理主要是协助二级经理工作，所以针对他们的考核必须适当改变标准。其中，工作完成情况所占的权重为0.4，组织协调能力的权重为0.2，开拓能力的权重为0.2，工作责任心的权重是0.1，公正廉洁的权重也是0.1。三级经理的评分包含了自评分数以及二级经理的评分，这个综合评分会上报到人力资源部进行审核，一旦通过审核就成为最终的分数。

针对工程技术人员、销售人员、管理人员的考核，也是采用差不多的方式。公司会根据他们的工作性质，制定不同的考核标准，设定不同的考核权重，然后在他们自评的基础上，由三级经理审核他们的工作情况，最后给出最终的评分。上报给人力资源部审核之后，就成为最终的考核分数。

对部门的考核也有自己的标准和流程。贝尔阿尔卡特公司会把部门考核放在年底展开，到第二年度第一个月的十五日之前完成。不同的部门所面对的考核标准、考核内容、考核权重都是不同的，但整个流程基本上相同。部门经理先进行自我审核，填写一个自评分数，然后人力资源部会组织各部门进行评分，给出最终考核分。

项目考核也有自己的模式，公司会在项目完成并验收后进行考核，项目经理先按照自己的工作绩效进行自评，人力资源部再组织质量管理部门对各项目质量指标进行评估。其中，项目质量的权重为0.3，项目完成时间0.3，用户满意度0.3；接着，组织财务部门对预算执行情况之类的财务指标进行考核，这些财务指标的权重为0.1。这些部门会按照详细的考核标准给出评分，公司主管则依据项目实际完成情况，并结合项目部门的自评分以及其他部门给出的评分，确定项目考核的最终分数。

—— **激励制度方案**

在设计激励制度方案时，贝尔阿尔卡特公司的侧重点包含了四个方面的内容：奖励制度、职位系列、员工培训开发方案、其他激励方法（包括员工参与、沟通等内容）。

对于在上一年度做出出色业绩的员工，公司会给予及时的奖励，比如提供更高的薪水，给予更多的奖金和更好的福利。公司会根据上一年度具体的考核绩效以及拟定的相关指标，确定提高工资的员工名单。如果员工在原职位上所获得的工资已经是最高等级，那么想要增加工资就需要提升职位。

为了对那些业绩突出且为公司发展作出重要贡献的员工、经理做出表彰，公司会提供各种不同类型的奖金。比如对销售业绩突出的员工及时给予销售特别奖，向部门业绩突出的经理提供部门经理奖，向表现出众且有购房意愿的员工提供购房基金奖。有的部门在业绩考核中评分很高，公司会设立部门奖，这笔奖金会专门发放给获奖部门支配，以此来激发员工的团队精神。

—— 培训制度方案

贝尔阿尔卡特公司非常注重对员工进行培训，帮助他们在知识技能类、基本素质类和能力类方面获得提升。

在针对知识技能的提升时，公司会要求项目管理人员和销售人员掌握一些通用的知识，这些知识包含了公司概况、产品知识、客户服务、客户管理、英语、计算机等内容。其中，项目管理人员更加侧重接受管理基础、计划控制、项目管理、现场管理、工作流程管理、沟通等知识的培训；营销人员则侧重于市场研究、市场调查、市场分析、定位策略、产品策略、价格策略、促销策略等方面的培训。此外，公司还会对相关人员在社会礼仪、自我形象设计、团队合作精神方面进行培训。

总之，贝尔阿尔卡特公司有效兼顾了考核与培训、薪酬的相关情况，完善了原有的绩效考核与薪酬激励管理制度，对整个公司的管理做出了有效的调整，为促进公司的发展提供了很强的助力。